古代歷史文化 研究輯刊

三 編

王 明 蓀 主編

第 23 冊

晚清中國朝野對美國的認識

吳 翎 君 著

國家圖書館出版品預行編目資料

晚清中國朝野對美國的認識／吳翎君 著 ─ 初版 ─ 台北縣永

和市：花木蘭文化出版社，2010〔民99〕

序 4+ 目 2+144 面；19×26 公分

（古代歷史文化研究輯刊 三編：第23冊）

ISBN：978-986-254-107-4（精裝）

1. 中國外交　2. 晚清史　3. 中美關係

645.2　　　　　　　　　　　　　　　99001344

ISBN - 978-986-2541-07-4

9 789862 541074

古代歷史文化研究輯刊

三　編　第二三冊　　　　　　ISBN：978-986-254-107-4

晚清中國朝野對美國的認識

作　　　者　吳翎君
主　　　編　王明蓀
總 編 輯　杜潔祥
出　　　版　花木蘭文化出版社
發 行 所　花木蘭文化出版社
發 行 人　高小娟
聯絡地址　台北縣永和市中正路五九五號七樓之三
　　　　　　電話：02-2923-1455／傳真：02-2923-1452
網　　　址　http://www.huamulan.tw 信箱 sut81518@ms59.hinet.net
印　　　刷　普羅文化出版廣告事業
初　　　版　2010 年 3 月
定　　　價　三編 30 冊（精裝）新台幣 46,000 元

晚清中國朝野對美國的認識

吳翎君　著

作者簡介

吳翎君，國立政治大學歷史學博士。國立東華大學歷史系教授。主要研究專長為近代中美關係史。著有《美國與中國政治，1917 ～ 1928 ——以南北分裂政局為中心的探討》（1996）、《美孚石油公司在中國》（2001）、《歷史教學理論與實務》（2004）等專書。本書為作者 1987 年畢業於國立台灣大學歷史研究所之碩士學位論文，指導教授為張忠棟先生。

提　要

　　本書探討 1784 年～ 1900 年間中美早期關係發展中，中國朝廷及民間知識份子如何看待美國，中國人從何途徑了解美國歷史、地理與文化？以中文書寫的最早美國史論述，是通過何種管道產生及呈現怎樣的美國印象？而通過逐步條約關係的建立、商務的拓展和中美文教關係的演變，中國朝野對美國的理解又產生怎樣的變化？ 1860 年代以後中美間重大政治事件，以及美國的排華運動，又怎樣影響中國朝野對美國的認識？洋務派與變法派心目中的美國式民主究竟呈現怎樣的圖像，其又如何評價美國民主政治？本書試圖從上述論題剖析晚清中國朝野對美國的認識。

序

目

次

序

　　兩年前，花木蘭出版社和我聯繫，希望出版我的碩士論文。因為展讀年少舊作，自己總不滿意，這事遂擱下來。直到自己正在撰寫另本新書的最後階段，不免回顧自己如何走到中美關係史的研究歷程，想到這本碩士論文，便是自己的初心所在，回首所來徑，萬里暮雲平。這本小書《晚清中國朝野對美國的認識》，是二十年前我在台灣大學歷史所的碩士論文，雖不免青澀，但卻寫下人生因緣中的特殊機遇，而最令人懷念的即是業師張忠棟教授。

　　1984 年我從政大歷史系畢業轉赴台大歷史所攻讀碩士學位。由於大學時代曾一度在投考外交官與研究工作中徘徊，後來選擇攻讀研究所，便直接走向外交史的研究。當時台大歷史系教授群中就屬忠棟師與中美關係史領域最為接近，但我沒上過忠棟師的課，真不知如何是好。有天終於鼓足了勇氣，在忠棟師的美國史課堂外守候；下課後老師似有要事快步急走，我硬著頭皮邁著小碎步追在老師身後，師生就在椰林大道上有了第一次的對話。待我說清楚想請老師擔任論文指導，沒想到忠棟師的第一句話是：「找我，會很麻煩噢！」。擔心被忠棟師拒絕，我還請了政大歷史系林能士教授從中說項，大概是能士師說之以情，第二次我再去找忠棟師時，他竟然破例收容了我。

　　當時的我，對整個政治環境幾乎可用懵懂無知來形容，更不知道老師已被情治單位封為「四大寇」之一。也許是幸運，忠棟師從未帶給我任何一點點求職工作上的「麻煩」，但據我所知確有學長因找了獨派色彩鮮明的老師，在求職過程中不是那麼順遂。

　　既然找到了忠棟師指導論文，理當時時親炙馨欬，多上幾堂老師開的課。但出乎意料之外的是，才旁聽完忠棟師在大學部開的美國史第一堂課，老師便把我叫去說，研究生要能自己找書，找材料，不必那麼形式的來大學部旁

聽。有老師的「恩准」，我竟然就再也沒有在課堂上聽過忠棟師的課了，於今想來真是後悔莫及。

在受教於忠棟師的日子裡，老師總習慣抿著下嘴唇聽著我談論文進度，嘴角的堅毅篤定，配上黑色鏡框後那矍然有神的雙眼，其實是很令初入史學殿堂的我感到敬畏。那時忠棟師在中央研究院歐美所有一間研究室，每次去請教老師時，走在清冷蕭穆的長廊，總是先聽到自己篤篤的腳步聲，心情每為之忐忑。每次忠棟師見我時，總先把研究室大門和窗戶打開，然後才開始詢問我論文的情況。一幕又是相同的一幕，後來我才知因為老師的政治立場，風聲鶴唳不斷，女弟子現身指導教授的研究室，不能不防著些捕風捉影式莫須有的誹言。而我也始終無法像劉季倫、薛化元、潘光哲等學長學弟，何其有幸地常到老師的研究小間聆聽老師侃侃而談他對台灣民主政治前景的主張。回首和忠棟師相聚的機緣竟是如此單薄，心中不免有憾。

忠棟師在台大真正掛名指導的研究生，除了我之外，僅有沈正柔〈一九六二年古巴飛彈危機〉（1977）。在當時的戒嚴時代，忠棟師正直敢言的性格非但使他在保守的歷史圈特立獨行，嚴肅的政治氣氛更是如影隨形的陰影，忠棟師的確不能不為著學生的「出路」多做設想，他選擇了踽踽獨行而非弟子成群。彼時台大歷史所學生們大概都風聞忠棟師是不收研究生的，忠棟師的「中美關係研究」的傳道之路愈走愈孤單。沒有負擔，老師反倒有種出入無不自得的快感；當年稍有感知的台大學生，無論識與不識，對校園裡有這麼一位教授，不惜衝決網羅捍衛自由主義理念，或發為言論或打筆仗，相信都有深刻印象。

1980 年代台灣政治環境已見鬆動，但這時期修習忠棟師課程的同學或是像我這樣受教於老師的學生們，從未聽聞老師在課堂上公開批評時政或是議論人物，我們必須透過老師在報刊雜誌中一篇篇的遒健文字，犀利的筆鋒，來認識老師的政治理念。對於一位自由主義的實踐者，我想老師最不願意的是通過師尊的權杖加諸於學生輩，他要我們自己去思考、去辨明。忠棟師從來沒有想過要在學生中塑造聲望或樹立一個小圈圈來支持他，那時的忠棟師在學生群中是有政治魅力的，可是他從不曾這樣做。

解嚴前後，忠棟師活躍於政治論壇，在學術領域中也轉向與之最為契合的自由主義人物研究。忠棟師後期極少提到他在中美關係史方面的研究成果，我想這是來自一位謙謙學者的自我要求，老師對自己的成果似乎也不甚

滿意。晚年念茲在茲的仍是自由主義的理念及實踐（見：薛化元，張忠棟教授的最後「志業」，《當代》143 期），收入《張忠棟教授紀念文集》）。忠棟師對自由主義的鑽研不僅是開疆拓土的研究者，更是身體力行的苦行者。

忠棟師第一次因肝癌病發住進台大醫院，我和潘光哲到醫院看他。老師話雖不多，但雙眼仍如炬般有神。後來和幾位前後屆的學長和學弟結伴到大台北華城看他，那次是我所見老師談興最高昂的一次，老師還請大夥兒晚餐，同行的有王汎森、孟文芳夫婦，劉季倫、潘光哲和外子彭明輝，未料此後竟成絕響。1999 年 6 月忠棟師與癌細胞對抗十年，終不敵病魔侵奪而病逝，享年未滿六十七。

這本小書《晚清中國朝野對美國的認識》，雖是二十餘年前的舊作，但從題旨看來，於今仍不失為一個饒富興味的題目。猶記得初次到中央研究院傅斯年圖書館去查閱古籍線裝書——高理文的《美里哥合理國志略》——這本1860 年代出版的第一本用中文寫的美國史專書，令我興奮不已。當時研究資料的取得不似現今容易，許多資料連台大都無收藏，有些資料其實是轉引材料的多，注釋亦無法詳列，這是當時的研究環境之侷限。這本小書為保留原碩士論文的形貌，僅做了若干正文的修飾和注腳格式的修正，並未更動原來的章節架構和增補材料。因為如果要增補內容，那可能就是一本翻新的著作，而非原來的碩士論文了。在碩士論文的〈結論〉曾提到「清末立憲派、革命派其對美國政治制度之理念，當可另闢專文討論」。數年後，我在政治大學歷史所的博士論文探討民國初年美國與中國政治的關係，其肇始莫不由於此一淵源。

這本書的出版距忠棟師的辭世已過十年，而我自己在中美關係史的領域也已摸索二十餘年，從清末到 1940 年代中美關係的原始材料中爬梳，始終不改其志。自忖並非才華洋溢或悟性過人，而是對於自我信念的執著。研究和查檔案都是苦功夫，但是否能練成上乘功夫，未來仍有更長遠的路才能見真章底蘊。希望這些年自己在中美關係史的鑽研，能不負忠棟師當初破例收留我的期待，也能稍慰先師在天之靈。

最後，感謝本套叢書主編王明蓀教授、花木蘭文化出版社杜潔祥總編輯和高小娟小姐的協助，讓本書得以順利出版；編校及內容上如有舛誤，當應由作者自負。

吳翎君謹誌於 2010 年 1 月 15 日

第一章　緒　論

　　1784 年，美國商船首次抵達中國，乃中美關係之肇端。在此之前，不論國人對美國的認識，或美國對中國的認識，均極淺薄。即使在 1850 年代以前，美國學界對中國的認識仍蒙昧未啓。在 1848 年衛三畏（Samuel Wells Williams）的《中國總論》（*The Middle Kingdom*）出版以前，美國學者從未出版過任何一本有關中國歷史文化的專門書籍。少數留心中國事務的人，也只能從歐洲或一些旅行者的報導中，獲得一些有關中國的零星知識。在中國方面，對美國的初步認識則遲至鴉片戰爭以後，魏源《海國圖誌》的刊行，才爲朝野部份人士所矚目。隨著日後中美外交關係的日益親密，文化交流日益蓬勃，中美兩國對彼此的認識與瞭解才逐漸廣泛展開。

　　1860 年以後，由於美國傳教士深入中國內地，他們不僅介紹西方乃至於將美國的歷史文化引介到中國，也將中國的歷史文化介紹到美國。因爲這些傳教士爲美國各教會所派遣，在他們給教會的報告、書信中，對中國均有較詳細的記錄。1877 年美國耶魯大學設立了第一個中國學講座，聘請《中國總論》的作者衛三畏擔任講座；1894 年一位美國傳教士史密斯（Arthur H. Smith）以他在華的多年的觀察，出版《中國人的特質》（*Chinese Characteristics*）一書，風靡一時。姑不論其內容是否偏頗，但此書卻係代表當時一部份美國人對中國人的觀感與認識。〔註1〕近年來美國學界對於十九世紀美國人對中國的

〔註 1〕 *Chinese Characteristics* 一書寫於 1880 年代，Arthur H. Smith 於書中對中國人的評價，貶多於襃，認爲中國人好面子、不守時、缺乏公德心及同情心、保守……，一方面他也承認中國人重孝道、堅忍、仁慈……。可參考 Charles W. Hayford, "Chinese and American Characteristics : Arthur H. Smith and His China Book"in John K. Fairbank Jr. , *Christianity in China : Early Protestant Missionary*

認識迄有著作，如 Sidney A. Forsythe 的 *An American Missionary Community in China, 1895-1905*，研究「海外宣教委員會」（ABCFM）在華的百餘位傳教士，對十九世紀末的中國君主專制政體、風俗習慣、宗教、士紳階級、拳亂等現象之觀察報告；〔註2〕Robert MeClellan 的 *The Heathen Chinese : A Study of American Attitudes toward China, 1890-1905*，則為討論美國人對在美華人的觀感與態度，〔註3〕另外 William J. Brinker 的 "Commerce, Culture, and Horticulture: The Beginnings of Sino-American Cultural Relation"，探討十九世紀初中美兩國文化交流的關係；〔註4〕反觀國內研究十九世紀中國對美國的認識之著作，著實甚為少見。國內的研究泰半著重於十九世紀對西方之認識，而將美國附屬於西方列強之中。除了少數的單篇論文及中美外交史之專書略有涉及外，鮮少專論美國者。〔註5〕

Writing（Harvard University press, 1985），pp.153-174.

〔註2〕 Sidney A. Forsythe , *An American Missianary Community in China , 1895-1905.*（Harvard University press, East Asian Research Center , 1971）

〔註3〕 Robert MeClellan , *The Heathen Chinese : A Story of American Attitude toward China*（Ohio University, 1971）

〔註4〕 此篇論文收入 Thomas H. Etzold ed. , *Aspect of Sino-American Relations Since 1784*（New York: New Viewpoint, 1978），pp.3-25。關於中美文化交流的研究，稍早的著作，如 George H. Danton , *The Culture Contacts of the United States and China（New York , 1931）*。

〔註5〕 筆者於1987年撰寫碩士論文時，僅李定一先生於其所著《中美早期外交史》（台北：傳記文學出版社，1977），另闢一節討論「中國對美國的認識」，但僅限於鴉片戰爭前後國人對美國的認識。本論文正式出版時，已有楊玉聖，《中國人的美國觀——一個歷史的考察》（上海：復旦大學出版社，1996）、習賢德，《清末中文報刊呈現的美國形象》（台北：文展出版社，1991）。本文保留原碩士論文之形貌，並未增補新近研究資料。

第二章　廣州貿易時期 (1784-1842)

第一節　商務接觸下的初步觀感

　　1783 年北美十三州殖民地經過奮苦艱戰，終於脫離英國桎梏正式獨立。當美國尚為英國殖民地的時代，中國的茶葉已由英國東印度公司輸入美洲，歸航時採辦美洲土產運銷中國。〔註 1〕所以中美關係的真正肇始雖在獨立運動以後，然而在未獨立以前，中美間的間接貿易，早已行之有年了。

　　殖民地時期，美國的主要貿易地是英屬西印度群島，獨立之後，英國禁止美商至西印度群島，於是美國商人不得不於他處另覓市場。美國人民習聞中國物產之富饒及他國對華貿易利益之豐厚，加上當時美國的造船業及遠洋知識已相當發達，所以，美國商人於 1784 年（乾隆四十九年）派遣「中國女皇號」滿載大批人蔘及皮料等貨物抵達中國廣州黃埔。這是中美兩國直接貿易的開始，因此，中美關係的肇端是源於獨立後的美國對於中國經濟上的需要，因而主動地、積極地向中國擴張貿易。至十九世紀初年，美國對華的貿易數量已超過歐洲各國，僅較諸英國稍遜一籌而已。〔註 2〕

　　美國初通中國時，清廷仍限定廣州為唯一的通商口岸，清政府對待歐美商人的態度則是源自於明清以降藩屬與貢國之間的朝貢貿易體制。〔註 3〕其時美

〔註 1〕 William J. Brinker, "Commerce , Culture , and Horticculture : The Beginning of Sino-American Relations , " in Thomas H. Etzold , ed. , *Aspects of Sino-American Relations Since 1784* （New York: New Viewpoints, 1978）, p.6.

〔註 2〕 參見李抱宏，《中美外交關係》（台北：商務印書館，1972 年，台一版），頁 3。

〔註 3〕 有關鴉片戰爭以前清季的沿海貿易與外交，可參考 John K. Fairbank , *Trade*

國在華商人，對於中國通商制度及各項禁令之拘束，認爲因此而未能任意自由擴張其貿易之利益，固然與其他國家在華商人一樣深具不滿，然而頗知改變現狀殊爲不易，所欲求者僅爲與其他各國商人保持同等的通商待遇。〔註4〕根據文獻所載，曾有一麻省商人形容「中國官吏是高貴的流氓」、「滿天要價與欺騙」，〔註5〕另一方面，也有美國商人認爲「中國官吏雖是金錢的愛好者」，但他們只要「陋規」到手，對於貿易，絕不阻撓，「與中國貿易，眞是最簡單輕鬆莫過的事」。〔註6〕所以中美兩國自直接發生關係以來，甚少糾紛，美人對中國之法令及習慣，莫不奉之維謹，故有「最爲恭順」的稱譽。〔註7〕

美國人能贏得中國官吏的好感，其原因除上述之外，一部份因素是美國船員的品質較佳。此一時期美國從事東方貿易之商船上的船員，大多數是美國出生的良家子弟，除了各海岸附近的青年外，還有不少來自內地農家，許多富家子弟也獻身海外工作，〔註8〕美國青年熱心於航海事業的主要原因一則是當時工業尚未興起，有事業野心的青年認爲從事海外貿易可能是一番創業良機；再則允許船員自帶貨物一事，也頗能吸引人。〔註9〕有些青年水手一直工作到自己當上船主，而在海外貿易積蓄到足夠資本轉入行業者也不在少數。直到1850年左右爲止，從美國到中國來的船員，多屬有教養、有志氣的青年，於中國人心目中留下極良好的印象，不似英國海員素質較低，頗多是英國各城市的不良分子，常在廣州酗酒滋事。

然而，語言上的隔閡，畢竟仍限制著中美商務接觸下的初步觀感。首先中國人對美國人說英語，而非英人一事，甚爲不解，以致誤以美國人即英國

and Diplomacy on the China Coast : The Opening of the Treaty Ports , 1842-1854（Harvard University Press , 1969）陳國棟，〈清代前期的粵海關〉（台灣大學歷史研究所碩士論文，1979年）。

〔註4〕 Tyler Dennett , *Americans in Eastern Asia , A. Critical Stydy of the Policy of the United States with Reference to China , Japan and Korea in 19ᵗʰ Century*（New York: Branes & Noble, 1941），p.70.

〔註5〕 Thomas H. Etzold , ed., *Aspects of Sino-American Relations Since 1784* , p.8.

〔註6〕 李定一，《中美早期外交史，1784-1894》（台北：傳記文學，1978），頁45。

〔註7〕《清代外交史料，嘉慶朝》卷6，頁45。兩廣總督蔣攸銛語；《中美關係史料》嘉慶朝（中央研究院近代史研究所，1968），頁4，兩廣總督祁墳致美水師提督照會，有言「……況咪唎堅來粵通商，年月已久，商人皆均安分貿易，在諸國中，尤爲恭順……」。

〔註8〕 Tyler Dennett , *Americans in Eastern Asia , A. Critical Stydy of the Policy of the United States with Reference to China, Japan and Korea in 19ᵗʰ Century* , p.14

〔註9〕 李定一，《中美早期外交史》，頁24

人，嗣經美國人解釋才知誤會。〔註10〕另一點值得注意的是從1784年中美貿易開始到1828年為止，四十五年間，所有在廣州的領事館沒有一人能通中國語文，在中國買辦中，也無一人能通中國英文，中美商務的交易是用洋涇濱英語，僅用「字彙」，而非語文上的溝通，其目的也僅止於交易買賣，談不上有任何文化習俗的認識。〔註11〕

語言上的隔閡不能避免，既有接觸，自亦不免產生初步的誤解，先自外人狀貌而言，歐美人顯然與華人有別，皙膚、赤髮、碧眼、深目、高鼻、虬髯等等，與衣著緊身，軀幹挺拔，均易引起許多奇異的印象與誤解。中國人對美國人的印象雖然較諸英國等其他國家良好，然而，美國人畢竟是非我族類的外邦之民，其心必異。鴉片戰爭前後有不少對「夷人」奇怪的聯想，繪聲繪影的傳述著，如裕謙說：「該夷大炮不能登山施放，夷刀不能遠刺，夷人腰硬腿直，一擊便倒。」（《道光朝夷務始末》，卷十九）在野的紳士葉鍾進說：「其人目不能遠視，故不能挽強命中；腳又無力，上岸至陸地，則不能行，若制挺專折其足，則皆斃矣。」（葉鍾進，《寄味山房雜記》）就以稍明外情的林則徐也是說「至岸上該夷無他技能，且其渾身裹纏，一仆不能復起。」（《道光朝夷務始末》，卷十四）而當交涉之任的徐繼畬也說「至於登陸步戰，則非彼之所長，其人兩腿僵直，跳走不靈。」（徐繼畬，《退密齋文集》），〔註12〕這完全是由於語言上的隔閡，而就外人體型與華人有異而產生望風捕影的錯誤聯想。

中外既有接觸，衝突在所難免，中美兩國自直接發生貿易關係以來，商民相處大體相安，然而商債、民事訟獄的糾紛實不可避免。從這些衝突的解決方式，亦可窺中美兩國不同文化畛域之人對彼此的瞭解。以商債言之，則以美商負欠為主，因中國政府嚴禁與外商有債務關係，商務往來貨銀兩訖，以減少糾紛。其中最著名的例子是麗泉行潘崑水官向美總統控告美商事件，潘崑水官特委託友人，於1815年（嘉慶十九年）提出美商有意賴帳的證據，向美總統「咪唎呫」（按：即麥迪遜 James Madison）提出請願。其稟文有言：

〔註10〕 Tyler Dennett , *Americans in Eastern Asia , A. Critical Stydy of the Policy of the United States with Reference to China, Japan and Korea in 19th Century* , pp.88-89.

〔註11〕 Thomas H. Etzold , ed., *Aspects of Sino-American Relations Since 1784* , p.8.

〔註12〕 詳見王爾敏，〈道咸兩朝中國朝野之外交知識〉，收入氏著《晚清政治思想史論》（台北：華世出版社，1976，二版），頁 166-180。

……因聞貴國律法公平，不論貧富，不拘遠近之人，視爲一體。崑
乃遠地之人，不曉貴處人告狀時，常用何言何體，又因隔涉，一時
不能盡訴我之憑據；必要幾年，此事之決方能到我處。……歷來花
旗之名聲揚及中國，故唐人深信，賒貨借銀兩與他們，今若頭一位
大人不理此事，名聲必敗，名聲敗，則不肯信，人不可信，以後如
何通貿易哉。〔註13〕

此稟文因有求於他，或有溢美之詞，然而潘崑水官必由友人處獲悉美國律法，
姑且一試。而當時美國歷來之信譽當有口碑，才致使美商向彼貸款未償還之
數尙餘一百餘萬美元之多。〔註14〕麥迪遜總統對此事並未採取行動，其中眞
象，難以知悉，然而此事件確實影響美商在中國的信譽，魏源《海國圖誌》
亦記有「惟其（美）商人銀局失信，故外國人無敢賒賣之也」。〔註15〕

　　除了債務糾紛外，中美之間眞正發生的一次衝突是 1821 年的特倫諾瓦案
（Francis Terranova Incident）。特倫諾瓦是美國商船「艾米立號」（Emily）上
的義大利水手，用水果瓶擊傷中國小販艇婦頭部，致該婦落水而死，中國水
手要求交出兇手，「艾米立號」船長自將兇手禁閉拒不交出，美國官方代表與
行商談判的結果是：由中國官吏在「艾米立」船上開庭，英國傳教士馬禮遜
（Rev. Robert Morrison），美方代表衛恪士（Wilcocks）作記錄。十月六日開庭
時，清吏拒以馬禮遜爲譯員，並不予座位給與衛恪士，故二人均退出。審判
定罪後，船長仍拒絕交出犯人，但宣稱如果中國官府以武力逮捕犯人，彼亦
不抵抗。次日清吏即下令停止對美貿易，雙方堅持至十月廿三日，始由行商
上船將犯人帶走。十月廿六日再由清吏加以審問後，判處絞刑。屍體交還「艾
米立號」，恢復對美貿易。〔註16〕

　　中國方面，對此事的記載，相當詳細，據兩廣總督阮元的奏報，可知水手
確係因向民婦買果爭鬧，用瓦擲傷婦人，致其落水而死，並非蓄意謀殺，〔註17〕
但按清律例，「鬥毆殺人者，不問手足、他物、金刃，並絞監候。」故處以絞刑。
就此事言之，夷人拒交犯人，或知清律死罪無疑，而在中國政府則事關夷人傷
斃內地民命，豈容顧預。此一時期中外民事糾紛，時爲常見，並無一成法可循，

〔註13〕《中美關係史料》，嘉慶朝，頁 1，〈廣東商人潘崑水官致美總統咪唎哑〉。
〔註14〕李定一，《中美早期外交史》，頁 74。
〔註15〕魏源，《增廣海國圖誌》，卷 61，（台北：珪庭出版社，1978），頁 932。
〔註16〕關於特倫瓦案的記載，另有王之春：《國朝通商始末》，卷 8。
〔註17〕《道光朝外交史料》，卷 1，頁 7-9。

當時中國對西方法制也毫無認識可言，〔註18〕1844年中美簽訂望廈條約，其中對領事裁判權的規定，主要是受「特倫諾瓦」案的影響，〔註19〕此一時期中美之交涉其影響力於此可見一斑。

　　中國在鴉片戰爭以前，對待各國莫不一視同仁，並無厚薄之分。在來華夷人當中，中國官商對美國人的印象最爲良好，但也僅止於「最爲恭順」而已，並沒有給予特別的優容。由中美接觸產生的誤解、衝突，可知此一時期中國對美國的態度，基本上也和對待其他西方國家一樣，不屑一顧，更談不上要探求夷情。而此一時期美國與中國的關係主要仍僅限於單純的商務性質，談不上彼此文化上的溝通與瞭解。

第二節　傳教士對美國史地的介紹

　　在早期中美關係中，主要係商業貿易，中美對彼此的文化史志幾乎茫然不知。所以當新教教士抵達中國傳播新教，並介紹西事，便成爲早期中美關係中的一棵奇花異樹。對於近代中國思想文化、科技的啓蒙影響至大。

　　中國對於美洲的記載，應始於十六、七世紀耶穌會士抵達中國，倡言五大洲及地圓之說，考諸史籍《職外方記》、《坤輿全圖》、《西方紀要》等，率皆歷歷不爽。其中《職外方記》記載「墨利加洲」（美洲）尤爲完備，然而，我國人錮於舊聞、憚於新說，直至清乾隆中葉所纂之清通考，猶謂「彼所稱五大洲之說，語涉誕詭」。〔註20〕無怪乎，十九世紀初當新教傳教士抵達中國時，爲中國貧乏的世界知識感到震驚，他們認爲中國自從鄭和下西洋之後，在葡萄牙、西班牙人東來前數十年來，就不再有海上探險的精神及對域外知識的好奇，到了十九世紀中國的世界知識依舊延續著鄭和時期認爲遠至非洲之民，亦垂屬天朝王統的想法。然而，中國人對世界知識的貧乏，提供了新教傳教士藉著介紹西學，以達到傳教宗旨的一個機會。〔註21〕

〔註18〕　王爾敏，《晚清政治思想思論》，頁174。美國醫生伯駕（Peter Parker）譯有西
　　　　國律例，魏源將之收入《海國圖誌》，魏氏可能是最早注意西方法制之中國人。
〔註19〕　張蔭麟，〈明清之際西學輸入中國考略〉，收入包遵彭等編，《中國近代史論叢——
　　　　中西文化交流》，第一輯，第二冊頁15-16。魏源，《增廣海國圖誌》收入有《職
　　　　外方記》所載墨利加州。見卷59，外大西洋全洲總說。
〔註20〕　〈明清之際西學輸入中國考略〉，頁16。
〔註21〕　Fred W. Drake, "Protestant Geography in China: E. C. Bridgman's Portrayal of the
　　　　West" in J. K. Fairbank Jr., ed., *Christianity in China: Early Protestant Missionary*

　　約於 1830 年左右，一些新教傳教士開始於其在華宗教出版品上刊載一些俗世的內容，介紹西方的歷史、地理、科技等。鴉片戰爭前，不少知識份子對西方的認識是透過傳教事業的介紹。

　　新教來華的第一位傳教士是馬禮遜牧師（Rev. Robert Morrison）於其《外國史略》以數篇幅介紹美國，在此之前，中文書籍中載有美國者（獨立後的美國）絕無僅有。1820 年（嘉慶廿五）有謝清高者以百餘字記述「芊里干國」恐是最早及唯一的記載。〔註22〕與謝氏所記相較之下，馬禮遜牧師所撰的《外國史略》可能是第一本較完整的敘述美國史的中文書籍。

　　馬氏首先對美國的疆域、地形、立國經過，作一完整的敘述：

　　　　彌利堅國南及麥西哥海隅，北接英屬藩地，東及大西洋海，廣袤方
　　　　員四萬兩千三十里，濱海地一千二百里，濱湖地四百里，北極出地
　　　　自卅二度及五十四度四十分，明朝中葉，地尚荒蕪，居民亦罕，住
　　　　林內以獵為生，不知開墾……，今則為西國之大市，民數少而種類
　　　　多，語音不一，風俗迥異，時結仇交戰。自明朝是班牙（按：即西
　　　　班牙）開創此州之後，英國亦到此地，欲開埠未果，萬曆十二年後，
　　　　英民復至，不得食物，又遭土民之難，或受是班牙之害，或染煙瘴
　　　　以斃，皆怨而反。會英國有奉天主教之民，為國中官吏所迫，航海
　　　　西駛，逃于此地，自設公班衙，招氓開墾獲利，英國亦以其地封五
　　　　爵、各據荒地，荷蘭瑞丁等國亦時調其民在海邊開港，皆不久而服
　　　　英吉利，別有佛蘭西氓所據之地，久亦歸英，於是英人日繁增，……
　　　　乾隆卅一年英官在各港口征餉，居民宵將茶葉進投于海，不願納稅，
　　　　英國亦封港口，且調兵前往，其氓復公議，宵死不受苛連，遂糾合
　　　　部眾，立才能之瓦昇屯（按：華盛頓）為將軍，與英兵拒戰，兼赴
　　　　懇于各國，于是佛蘭西，是班牙，荷蘭等國，合盟助之，英人不能
　　　　敵，於乾隆四十六年，議聽其自成一國，不受英人節制，遂號為育
　　　　奈士迭國（按：United states），自是與英人彼此相安……。〔註23〕

此段文字敘述美國的疆域，明確表示出美國的面積、疆界、經緯度，為前所

Writing（Harvard University Press, 1985），pp.89-90.
〔註22〕謝清高，《海錄》，頁 45-46。收入《近代中國對西方及列強認識資料編彙》第
　　　　一輯，第二分冊，（台北：中央研究院近代史研究所，1984），頁 761，以下簡
　　　　稱《西方及列強認識》。
〔註23〕魏源，《增廣海國圖誌》，卷 61，頁 930-931。

未見。對於英國國中受宗教壓迫者逃往新大陸，開荒地、立教化，並與土人良善者日漸和睦，而英官徵索不已，乃爆發茶稅事件，遂於 1781 年（乾隆四十六年）建立「育奈士迭國」，證諸史實，大致可信。所誤者美國獨立革命成功的年代應爲乾隆 48 年（1783）。〔註 24〕

其次，馬氏並述及美國舟楫之利、市集鼎盛，列有當時各國商業往來之市價表，一目瞭然。〔註 25〕

對美國政治組織及制度之記載有二：一是尊會（按：參議院），二是民會（按：眾議院）。「其國律例合民意則設，否則廢之，每三年，庶民擇一長領，統管各部，每年俸二萬五千員，長領外，復設戶兵刑水師驛部諸部大官」，所謂尊會，即「長領並大官辦重務」；所謂民會，即「論民人所獻之議，所稟求之事，每四萬人擇一人，各國（各州）皆同」。〔註 26〕

對於美國之人口數目，從事行業亦有詳細的記載。對於美國民風則記曰「其民崇拜上帝，多立禮拜堂，善經營……多識字讀書，亦廣印書、居民善開墾」，而美國人口生齒日繁，原因則「凡歐羅巴各國民有缺乏，即遷居花旗國，如有受害者，亦遷此地，故開墾愈廣」。〔註 27〕

最後，對各邦國做一簡介，舉凡氣候、人口、物產，皆縷褸羅列。〔註 28〕

按：馬禮遜是新教第一位來華傳教的牧師，於 1807 年（嘉慶十二年）由倫敦傳道會（London Mission Society）派遣抵達廣州。其時，我國海禁未開，清廷禁教甚嚴，馬氏初抵中國，人地兩疏，遭遇甚爲困難，然其致力傳教事業，並努力學習華文以翻譯聖經，則未曾稍懈。1813 年有米憐牧師（William Milne）來華，極力協助馬氏譯經，並將廣州之華文印刷廠，遷往馬六甲，且於 1818-1820 年於馬六甲創辦英華書院（Anglo-Chinese College），首任校長即米憐牧師，馬禮遜則爲終身董事。馬氏不僅將聖經譯爲中文，並將中國經典迻譯，傳播於歐洲。〔註 29〕馬六甲印刷廠出版不少中英期刊及專

〔註 24〕關於此段文字所記，證諸美國史專書，大致無誤。
〔註 25〕魏源，《增廣海國圖誌》，頁 931，記有美國境內河川分佈。「江河甚多，通商甚便，火輪船往來不絕，北方出綿花煙穀等物，各國物產，並製造者，鐵條價銀約二千零四萬圓，石鹽價銀六百六十九萬圓……」
〔註 26〕魏源，《增廣海國圖誌》，卷 61，頁 932。
〔註 27〕魏源，《增廣海國圖誌》，卷 61，頁 932。
〔註 28〕魏源，《增廣海國圖誌》，卷 61，頁 932-933。
〔註 29〕馬禮遜牧師譯述有〈三字經〉、〈大學〉等，自著有《中文法序》、《華文初階》、《華英字典》、《廣東土話字彙》。參考：李志剛，《容閎與近代中國》（台北：

書。《外國史略》應為馬六甲印刷廠出版之專書，然則正確出版年代已不可
考。另外，所出版的《察世俗每月統記傳》，影響及於中國近代報業之興起。
〔註30〕馬氏於 1834 年去世，在華從事傳教事業共二十七年。其宣道工作因
格於環境未能深入發展，然而其傳教事業影響至大，對於促成中國之文教進
展與溝通中西方的瞭解，有極大的貢獻。

除了《外國史略》外，《東西洋考每月統記傳》，亦載有各國史地，為郭
實獵牧師（Karl Friedrich August Gützlaff，又譯郭士立。）於 1833 年創辦於廣
州，這是第一種在中國境內發行的中文期刊。在此之前，中文定期刊物主要
都在南洋發行。從 1815 年米憐、馬禮遜牧師在馬六甲刊行《察世俗每月統記
傳》，八年後麥都司（Walter Henry Medhurst）遷往巴達維亞（Batavia）刊行
《特撰撮要每月傳記》，乃到柯義德在馬六甲創《天下新聞》，其發行都侷限
於南洋一隅。所以，《東西洋考每月統記傳》的問世，其對象不僅是匯集於南
洋的華僑，更重要的是包括中國本土的人民，其在中國境內的出現，距離鴉
片戰爭僅六年，於中國認識西方實有重大意義。〔註31〕

《東西洋考每月統記傳》，簡稱《東西洋考》，自 1833 年，八月一日（道
光十三年）於廣州創刊，至 1838 年底（道光十八年）在新加坡停刊，除於 1836
年中斷，前後共歷五年。此刊務發行的目的，主要仍在灌輸華人西方知識，
以利基督教的傳播。根據郭氏寄給《華事彙報》（Chinese Repository）一信，
說明創辦中文月刊的決心：

> 儘管近年來西方文明不斷在飛躍進步，可是中國依然故我；中西文
> 化交流雖已有時日，但中國人仍固執己見，唯我獨尊……中文期刊
> 的發行是希望藉著瞭解西方文明的藝術、科學、道理，打破中國自
> 大排外的思想……這事證明我們的確不是「夷人」的較好方式，盡
> 量避免使用尖酸嚴厲的刻薄文字，僅將事實擺在眼前，使中國人自
> 認他們必須學習之處太多了。〔註32〕

1833 年 8 月，《東西洋考》出版六百份於廣州問世，即銷售一空，並增印三百

正中書局，1981），頁 27-34；海恩波，《傳教偉人馬禮遜》（香港：基督教輔
僑出版社，1960）。
〔註30〕戈公振，《中國報學史》（台北：學生書局，1963），頁 153。
〔註31〕蔡武，〈談談《東西洋考每月統記傳》——中國境內第一種現代中文期刊〉（國
立中央圖書館館刊，新 2 卷，第 4 期），頁 23。
〔註32〕*Chinese Repository*, Vol. I（August 1833），p.187.

份。1834 年，郭實獵、高理文（Rev. Elijah C. Bridgman）等英美傳教士及一部份商人，組成「中國益智學會」（Society for the Diffusion of Useful Knowledge in China），郭氏獨辦《東西洋考》頗感力不從心，遂於 1837 年交予「中國益智學會」承辦。

《東西洋考》之內容，包括歷史、傳記、地理、自然史、醫學、工藝及應用科學、自然科學與文學。〔註 33〕其有關各國史志的比重頗大，而有關美利堅者，根據目錄，計有：

甲午（1834）三月　列國地方總論

乙未（1835）六月　新聞

丁酉（1837）正月　新聞

　　　　　　五月　論（敘述北美獨立經過，稱「華盛頓」此英傑懷堯舜之德）

　　　　　　　　　歐羅巴列國之民尋新地論（敘述新大陸之發現）

戊戌（1838）正月　華盛頓言行最略

　　　　　　七月　北亞默利加辦國政之會（記美國國會）〔註 34〕

《東西洋考》所載美國史事，並不完整，因其為期刊性質，偏重時事新聞及論述，與一般介紹外國史地之書籍，著眼點自是不同。

《東西洋考》目的雖在傳教，然以西方知識入手，其在中國境內發刊，影響力自是比以往教士們侷於南洋一帶來得深廣。隨著《東西洋考》在中國境內的出現，西方國家工業革命的知識產物——人文與科學——逐漸輸入中國，在當時中國對美國等新興國家的認知極為膚淺的情況下，提供了較可靠的知識來源。

最早有系統介紹美國史地的中文專書，是美國傳教士高理文（Rev. Elijah Coleman Bridgman）所作的《美理哥合省國志略》，此書成於 1838 年，為其後三、四十年間，中國朝野對美國的情況瞭解的主要來源。

高理文是第一位來華傳教的傳教士。1829 年當「美國海外宣教會（American Board of Commissioner for Foreign Missions 簡稱 ABCFM），派遣他到中國時，他欣然接受，認為世界上再也沒有任何地方有如中國充滿龐大的異教徒。高理文於 1830 年底達廣州，由於受到馬禮遜和梁發的影響，他對中國異教心靈，落

〔註 33〕根據 *Chinese Repository*, Vol. I (August 1833), p.187.

〔註 34〕此目錄，根據蔡武，〈談談《東西洋考每月統記傳》〉，頁 31-42.

伍無知的印象逐漸改觀,發現「中國人是人道的,不屬於天國或地獄」。〔註35〕
但是他傳教的初衷並未稍減。於抵華初年,即教授男童,〔註36〕希望透過灌輸
西方知識,使中國人信奉上帝。1832年5月,高氏即在澳門出版《華事彙報》
(*Chinese Repository* 1832-1851),不僅刊載宗教消息,舉凡中國法律、政治、
文學、歷史與風俗習慣,均予以介紹,其目的爲使得西方人瞭解中國。高理文
主編此刊物,直到1851年。〔註37〕到目前爲止,《華事彙報》一直是中外學者
研究此一時期中國歷史的珍貴史料。

　　1834年,中國益智學會(SDK)成立,四年之間印有中文曆書、世界史、
英國史、猶太史、伊索寓言與美國史,其中美國史,即高氏撰寫的《美理哥
合省國志略》,其完整性、系統性的記述,成爲日後《海國圖志》、《瀛寰誌略》、
《大地全圖》,所引用的主要書籍,日本人且將《美理哥合省國志略》譯爲日
文。〔註38〕此書的重要性,由此可見。

　　《美理哥合省國志略》,全書共分上、下兩帙。上帙(卷首):介紹美國
全圖,詳言廿六省,包括各省省界,面積、氣候、主要城市、人口、物產、
商業狀況等。下帙(卷1-27),則爲介紹美國之立國原由,創制規矩、風俗教
化、禮義規模,並推度美國將來可爲近代國家之典範。〔註39〕

〔註35〕Fred W. Drake, "Protestant Geography in China: E. C. Bridgman's Portrayal of the West " in J. K. Fairbank Jr., ed., *Christianity in China* (Harvard University Press, 1985), p.92

〔註36〕其中梁發之子亦在內。高氏於廣州有一信云:我有一名男弟子——梁發之子,及另一名十歲男童,希望他們能爲上帝服務,我愛他們親同兄弟……。他們曾經在世界地圖上沿循我的標示找到美國,他們所指出的地方,正是我父母及兄姊居住之處。轉引,Fred W. Drake. *Christianity in China : Early Protestant Missionnary Writing* , p.93。梁發之子,後來曾充任林則徐的幕僚。

〔註37〕1932年第一位耶魯大學畢業生史迪文(Rev. Edwin Stevens)被派到中國傳教,亦參加《華事彙編》工作。1833年衛三畏(Samuel Wells Williams, 1812-84)到廣州,亦參加編輯工作。衛三畏後來成爲美國著名的漢學家。

〔註38〕《美理哥合省國志略》刊行後廿三年(1861年)重刻於上海。1861年修正本,改名《大美聯邦志略》編首附有「受業端溪梁植」之高理文傳略。梁植爲高氏合作撰《合省國說》之人,〈重刻聯邦志略序〉:「是書初稿,予向粵東成之。……乃海內諸君,謬加許可,如《海國圖誌》、《瀛寰志略》,及《大地全圖》等書,均當採入,又有日本人以其國語譯者。」

〔註39〕《美理哥合省國志略》,目錄如下:
　　卷之首　地輿圖　地球圖　美理哥合省國全圖
　　卷之一　覓新土
　　卷之二　分野變數

　　爲使中國人了解美國，高氏常將中美兩國比較，以美國各省與中國省分土地面積言之，如「茲省（緬省）內地延袤，與浙江省相似」（卷首，頁 2）。「其省（新韓賽省）偏而不正，闊如浙江省之四分之一」（卷首，頁 6）。「其省（新約基省）廣大有如福建省也」（卷首，頁 18）。又以美國之地形氣候與全中國做一比較言之：

> 夫合省則屬新方，大清則屬舊方矣，不知合省與大清，其地實相背也。論其沿海形勢，陸地長闊，則彼此相同，究其人物動靜行藏，則天淵有別，若寰地而論，周圍共三百六十度，故通國屬七十餘度，大清亦屬七十餘度……大清國之京城與北極相去亦不過五十二度，所以合省國之北甚寒，而大清國之北亦然。……大清之東有大洋，而合省之東亦然，可知合省與大清東南北皆無異，惟大清之西，皆

根據新加坡堅夏書院藏版《美理哥合省國志略》，台北：中央研究院博斯年圖書館古籍線裝書。

列國爲交界，而合省西則茫茫無際焉。（卷2，頁50）

高氏並且向中國人正名：

> 夫合理哥合省之名，乃正名也。或稱美利堅、亞默里駕花旗者。蓋米
> 利堅與亞默里駕二名，實土音欲稱船主亞美里哥知名而訛者也，至花
> 旗一名，則因國旗之上，每省有一花，故大清稱花旗也，至所云美里
> 哥者，即亞美里哥也。合省者，因前各治其地，國不相聯，政無專理，
> 後則合其省而以一人爲首領，故名之曰合省，是則今之稱美里哥者，
> 固正而不訛，後云合省者，亦正而不訛也。（卷2，頁50）

再者，高氏以美國歷史之經驗，提供中國「富強」的努力目標。蓋美國開國
之初「亦有無知無識，不諳工作者」，然因：

> 有物本，而無知識，則可延他國知識以教習焉，或有知識，而無物
> 本，亦可往別國運帶焉，或有知識物本，而無人力，當以物力代之，
> 如水力火力獸力是矣。夫彼有運往，此有販回，豈非器物所由成，
> 而兩國相益乎。試觀合省國之棉布、麻布、大小呢、機器、木器、
> 磁器等物，則可知矣。（卷11，頁75-76）

高氏以五卷的篇幅，詳細介紹美國的政制，權力來源，由下而上，其途徑則
爲選舉，首先說到華盛頓當選總統：

> 於乾隆五十三年（1789），各省衿耆會議於費治彌亞（Virginia）共推
> 華盛頓爲首。身後公選賢者更代，不世及，不久任。（卷13，頁80）

繼言地方政府云：

> 各省內一首領，一副領。……公選議事者或十餘人，或數十人無定。
> 各省設一公堂，爲首領、副首領及士人議事之所。事無大小，必須各
> 官合議，然後准行。本省之官由本省之民舉行公舉。（卷13，頁81）

並將各州州長與議會之權限，分別加以敘述。

> 於中央政府，說明以統領爲主，副統領爲佐。正、副統領亦由選舉，
> 其職權及各項有關規定爲：統領每年收各省餉項，除支貯庫，不得
> 濫用外，每年定例酬金二萬五千大元，若非三十五歲以上，及不在
> 本地生者，皆不能當此職。例以四年爲一任，期滿另選，如無賢於
> 他者，公舉復任。若四年未滿，或已身歿，或自解任，則以副統領
> 當之。……統領之戰，文武官皆聽其號令。（卷13，頁81）

國會則由「每省擇二人至都城，合爲議事閣（按：參議院）；又選幾人，合爲

選議處（按：眾議院）。其情形爲：

> 議事閣與選議處，皆以每年十二月內之初禮拜一日，齊集都城公所
> 會議，議事閣之職，每部有二人，計二十六部，五十二人。選議處
> 共二百四十三人。以議事閣五十二人分爲三等，以二年爲期，輪退
> 後復選新者。是以每等以六年爲一任，不過或先或後而已。……選
> 議處則二年爲一任，期滿別選。以十二月初禮拜之一日齊聚會議，
> 凡國中農務、工作、兵丁、貿易、賞罰、刑法、來往賓使、修築基
> 橋之事，皆此時議之。（卷 13，頁 82）

對行政、立法、司法三權分立與制衡的關係，亦有具體的解釋。〔註40〕

　　鴉片戰前，我國人對西方民主政治，幾乎是聞所未聞。高理文此書，當
時可能不易廣爲流傳。惟當地知識份子，應不至不引起注意。總之，《美理哥
合省國誌略》，其目的除了傳教之外，亦在使國人認識美國，認識西方。

第三節　國人關於美國史地的著述與認識

　　從 1784 年美國始通中國，直到 1844 年中美訂立望廈條約爲止，整整六
十年間，中美兩國關係已日趨密切，但兩國之間對彼此國情仍甚爲膈膜。美
國民間最早關於中國歷史文物的著作，出版於 1848 年，即傳教士衛三畏
（Samuel Wells Williams）的《中國總論》（The Middle Kingdom）。此外，西方
傳教士於澳門出版有〈華事彙報〉、中國益智學會（SDK）出版有《東西洋考
每月統記傳》，但由於不是在美國本土出刊，於美國人民瞭解中國，無甚助益。
因此，大體說來，美國民間對中國的認識，甚爲貧乏；如同中國人初遇西方
人產生許多誤解一樣，美國人對於中國「未開化的『豬眼』人民」（Uncivilized
"Pig eyed" People）、「雨傘民族」（Umbrella race）、「長尾巴的天朝人」（Long
tailed Celestials）衹覺得可笑與不可救藥而已。〔註41〕反觀中國，本爲「天朝」，
此外無非蠻貊之邦，舉凡西方國家之國名、船名、人名、皆加以「口」字，
以示「犬羊之性」，即使位如總統亦然。〔註42〕國人對於美國漸有瞭解，且能
著述介紹者，在《海國圖誌》刊行之前並不多見。

〔註40〕《美理哥合省國志略》，卷 13，頁 83。
〔註41〕Samuel W. Williams , *Middle Kingdom* , Vol.1 , p.15.
〔註42〕如「廣東商人潘崑水官致花旗國頭一位大人咪唎啞」見《中美關係史料》嘉
　　　　慶朝，頁 1。

　　中文書籍中，最早對美國（指獨立後的美國）的記載，大約應是 1820 年（嘉慶二十五年）的《海錄》。爲盲人謝清高（1765-1821）的口述。謝清高爲廣東嘉應人，「少從賈人走南海遇風覆舟，拯於翻舶，遂隨航焉。每歲偏歷海中諸國，凡十四年，後盲目，終流寓澳門爲通譯自給。……清高談西南洋事，甚悉，遂條記之」。〔註43〕可見此書，應多爲實地見聞之作。根據《海錄》：

> 咪哩干國，在嗼咭唎西，由散爹哩西少北行，約二月。由嗼咭唎西行，約旬日可到。亦海中孤島也。疆域稍狹。原嗼咭唎所封，今自爲一國，風俗與嗼咭唎同，即來廣東之花旗也。土產金、銀、銅、鐵、鉛、錫、白鐵、玻璃、沙籐、洋參、鼻煙……。
>
> 其國出入多用火船，内外俱用輪軸，中置火盆，火盛沖輪，輪轉潑水，無煩人力，而船行自駛，其製巧妙，莫可得窺，小西洋諸國亦多效之矣。
>
> 自大西洋至咪哩干，統謂之大西洋，多尚奇技淫巧，以海舶貿易爲生，自王至于庶人，無二妻者。
>
> 山多奇禽怪獸，莫知其名，而無虎豹麋鹿。（《海錄》，頁 45-45）

其記載實甚簡略，稱美國爲「海中孤島」有誤。然其他所載，大致不差。對美國的稱呼，有「咪哩干」、「咩哩干」、「咩哩嘮」等三種。在政治上，亦知其原屬英，「今自爲一國」。風俗則與嗼咭唎相同。〔註44〕造船術極爲精良，小西洋諸國多仿效之。謝氏所記美國，約百餘字，恐因其未曾赴美國，僅到過歐洲，爲聽聞之記。〔註45〕

　　約 1834（道光十四年），葉鍾進的《英吉利夷情紀略》，已載有美國政制

〔註43〕引見《海錄》楊炳南撰序。楊炳南爲《海錄》的筆受人。宇秋衡，廣東嘉應人。道光十九年（1839）舉人，嘉慶廿五年（1820）遊澳門，遇謝清高，與談海外事，以其所言與國内向志者，多有不合，因就其口述而筆錄之，成《海錄》一卷。該書流傳頗廣，道光二十四年（1844）王蘊香嘗輯入《海外番夷錄》，咸豐六年（1851）潘任成復刊入《海山仙館叢書》。參考《西方及列強認識》第一輯，第二分冊，楊炳南小傳，頁 760。

〔註44〕《增廣海國圖志》卷 60。魏氏注：「蓋謝清高，但至歐羅巴，未至彌利堅，故傳聞不正確。」

〔註45〕《海錄》另有記「嗼咭唎」。有關風俗者「國多娼妓，雖姦生子，必長育之，無敢殘害，男女俱穿白衣，凶服則用黑，武官俱穿紅」。「有吉慶，延客飲燕，則令女人年輕而美麗者，盛服跳舞，歌樂以和之，宛轉輕捷，謂之跳戲，富貴家女人，無不幼而習之，以俗之所喜也」。《海錄》，頁 43-45。

與外交：

> 米利堅即中國所稱花旗者……，人勤力作，常以餘糧濟各國，設十
> 二酋長以理事，一酋死，復公舉之，必眾服而後立，故其人最重行
> 誼。無梗化，無催科，有軍事，方治賦，英夷常起而攻之，十餘年
> 不能勝，又禁穀麥不糶英兵，英兵益困，各國力為和解，始罷兵。
> 米夷常指英夷為山狗性，如稍畏讓，彼必追來，一返身相向，反曳
> 尾而去，故兵雖解，終不往還也。〔註46〕

短短數語，簡單扼要，並流露出葉氏本人對美國的好感，如「人勤力作，常
以餘糧濟各國」，「其人最重行誼」，「無梗化、無催科」。

鴉片戰前，梁廷枏（1796-1861）於 1838（道光十八年）所著的《粵海關
志》，亦載有「咪唎國」：

> 俗稱花旗，與加拿大嘆咭唎接壤，嘆咭唎之南為咪唎喳，咪唎喳之
> 西亦為蠻人所居。其地產皮，其東海中有島名西亂地亞，乾隆五十
> 二年，進口貿易，其後來舶甚多，幾與嘆咭唎相等，其舶較他國差
> 小，隨時可至，非如他國必八、九月始能抵口也。今各國通行字，
> 相傳為馬邇可國所遣，用廿六字母諧音比附，以成字，各國大略相
> 同，謂之拉丁字，亦謂拉丁納字。〔註47〕

此段記載，主要係中美貿易以來，美國對華貿易發展甚速，幾乎與英國並駕
齊驅。所記美國國界、土產，皆甚為簡略，梁氏此時對美國之認識亦不多，
於此可見。鴉片戰後，梁氏根據所蒐集的海外舊聞及英美教士所編史志，撰
有《合眾國說》。可惜梁氏的原著並未得見。但是從《清史》〈列傳卷 73〉引
梁廷枏的〈合眾國說自序〉和冼玉清所寫的〈梁廷枏著述錄要〉可略知《合
眾國說》之梗概。〔註 48〕此書中對美國的地理、歷史政情風俗均有記載。對
於美國民主政制，他極為欣賞。在《合眾國說》的序文中表示：

> 予觀美利堅合眾為國，行之久而不變，然後知古者可知非民之未為
> 虛語也。彼自立國以來，凡一國之賞罰禁令，咸於民定其議，而後
> 擇人以守之。未有統領先有國法，法也者民心之公也。統領限年而

〔註46〕　《西方及列強認識》第一輯，第二分冊，頁 788。葉鍾進字蓉塘，安徽歙縣人，
　　　　　嘗客粵中，著有《英吉利國夷情記略》二卷，為時人之留意西事者。
〔註47〕　《西方及列強認識》第一輯，第二分冊，頁 848。
〔註48〕　冼玉清，〈梁廷枏著述錄要〉，《嶺南學報》，第 4 卷 1 期。

易，殆如中國之命吏，雖有善者，終未嘗以人變法，既不能據而不退，又不能舉以自代，其舉其退，一公之民。持鄉舉里選之意，擇無可爭奪無可擁戴之人，置之不能作威不能久據之地，而群聽命焉。蓋取所謂視聽自民之茫無可據者，至是乃彰明較著而行之，實事求是而證之。為統領者，既知黨非我樹，私非我濟，則亦惟有力守其法，於瞬息四年之中，殫精竭神，求足以生去後之私思，而無使覆當日之餘是耳。又安有貪侈兇暴，以必不可固之位，必不可再之時，而徒貽其民以口實哉！〔註49〕

梁氏已經看出，儒家傳統一向重民，但卻未能進一步發展成像美國這樣一套制度。如果有這樣一套制度，自古昔以來的民貴君輕的民本思想即可實現。

1841 年（道光廿一年）鴉片戰爭緊迫在眉，林則徐（178-1850）所撰的《四洲志》已在廣州發刊，為此一時期，我國人探求夷情，瞭解世界大勢的重要著作。其記載「育奈士迭國」（United States）亦較諸以往詳實。首先以千餘字敘記美國血戰英國七年，建國之經過，並記有疆土之開拓，建國六十年後，共有廿七部落，堪與英國成勁敵。〔註50〕

次則詳言美國之政制：無國王，設「勃列西領（President）一人，綜理全國兵、刑、賦稅、官吏黜陟」，其年限則為「四年一任，期滿更代」，總理選舉資格「首重生於育奈士迭國，尤必居住首區歷十四年之如下久，而年逾三十五歲」。另設有副勃列西領（Vice-President）。總統選舉之法如下：

> 先由各部落人民公舉依力多（Elector）經各部落官府辦定，送袞額里士衙門（Congress），人數與西業（Senate）之西那多（Senator）、里勃里先特底甫（Representative）官額相若。各自保舉一人，暗書彌封，存貯公所，俟齊發閱，以推薦最多者為入選。〔註51〕

對於國會之組成，參、眾議員之選舉、選舉資格、當選年限，亦有說明。〔註52〕林氏本人對於美國選舉制度，頗為稱讚，認為「與賢辟所治無異」。〔註53〕

〔註49〕《清史列傳》，卷73。
〔註50〕《西方及列強認識》第一輯，第1分冊，頁198。
〔註51〕《西方及列強認識》第一輯，第1分冊，頁199。
〔註52〕《西方及列強認識》第一輯，第1分冊，頁199。
〔註53〕《西方及列強認識》第一輯，第1分冊，頁206「雖不立國王，僅設總領，而國政操之輿論，所言必施行，有害必上聞，事簡政速、令行禁止，與賢辟所治無異」。

　　有關刑法律令之記載，可分爲三部份，在「桂申頓者（Washington），一曰蘇勃林（Supreme Court），在各部落者，曰薩吉（Circuit Court of Appeals）凡七，曰底士特力（District Courts）凡三十有三，各以本國（按：本州）法律判斷。」並條縷記載，此三級法院所轄管的責任。〔註54〕

　　有關政治制度之記載，除上述之外，另載有賦稅制度、歷年出納款項、國家之設施（如水師書記衙門、鑄銀局、水路郵程之衙門等），約三千餘言，可謂詳備。〔註55〕

　　再則，記載「育奈士迭國」之疆域，詳言國界，地勢、山脈縱橫、河川分佈。並記有美國之人口數，白人若干、黑人若干及聾啞者、目盲者之數目。對於美國生齒日繁，國勢日盛，則歸於人民之勤奮：

> 國人多由外域遷至……種類各別，品性自殊。因地制宜，教隨人便。
> 故能聯合眾志，自成一國，且各處其鄉，氣類尤亦親睦也。傳聞大
> 呂宋開墾南彌利堅之初，野則荒蕪，彌望無人，山則森林，莫知曠
> 處……數百年來，育奈士迭遂成富強之國。足見國家之勃起，全由
> 部民之勤奮。〔註56〕

林氏對於美國的風俗文教，甚爲推崇。「風俗教門，各從所好，大抵波羅特士頓（protestant）居多。設有濟貧館、醫館、瘋癲館等類，又各設義學館，以教文學、地理、算法。除普魯社一國外，恐無似其文教者」，並記有各圖書館之藏書，因文風之盛，故人才輩出。〔註57〕

　　最後，記載美國之技藝精巧、物產豐富，其中火輪船之製造爲各國之冠，「即紡織棉布、製造呢羽器具，均用火煙激機運動，不資人力」，「寫繪丹青，亦多精巧」。〔註58〕

　　由於《四洲志》的記載，可見林則徐對美國的印象頗佳，對於美國「國富兵強」、「堪與英國成勁敵」的認識，在1839年（道光十九年）於廣州強制夷人繳煙時，表現出明顯的態度與行動，〔註59〕林氏甚至有「以美制英」的

〔註54〕《西方及列強認識》第一輯，第1分冊，頁200。
〔註55〕《西方及列強認識》第一輯，第1分冊，頁201-204。所載多爲數據。
〔註56〕《西方及列強認識》第一輯，第1分冊，頁206。
〔註57〕《西方及列強認識》第一輯，第1分冊，頁206-207。
〔註58〕《西方及列強認識》第一輯，第1分冊，頁207，另，書中亦載有土人風俗。
〔註59〕例如發生於1839年7月7日的林維喜案。英人指稱當時亦有美國水手在場，林則徐並不相信英人的辯護，卻信任美國領事的辯白。參見《道光朝籌辦夷務始末》卷7，頁18-19。

想法，欲示惠美國，藉之以抵制英國。〔註60〕

當年流傳最廣的《海國圖誌》，成於1842（道光二十二年），於1847（道光二十七年）刊行於揚州，〔註61〕在敘述美國時，主要以《美理哥合省國志略》爲主，以《四洲志》爲輔，並收錄了明清以來關於美洲（美國）的記載，〔註62〕其影響可代表當時一部份人對美國的觀感。

魏源（1794-1857）極爲稱讚美國反抗暴政爭取獨立之史實，及其民主制度，所以他盛稱：「墨利加北洲以部落代君長，其章程可垂奕世而無弊」。〔註63〕又以「武」、「智」、「公」、「周」、「富」、「誼」加以稱頌：

> 嗚呼！彌利堅國，非有雄材桀傑之王也，渙散二十七部，渙散數十萬黔首，憤於無道之虎狼英吉利，同仇一倡，不約成城，堅壁清野，絕其糧道，遂克強敵，盡復故疆，可不謂武乎？創開北墨利加者佛藍西，而英夷橫攘之；憤逐英吉利者彌利堅，而佛來西助之。故彌佛世比而仇英夷，英夷遂不敢報復。遠交進攻，可不謂智乎？廿七部酋分東西二路，而公舉一大酋總攝之。匪惟不世及，且不四載及受代。一變古今官家之局而人心翕然，可不謂公乎？議事聽訟，選官舉賢皆自下始。眾可可之，眾否否之，眾好好之，眾惡惡之，三占從二，舍獨徇同。即在下預議之人，亦先由公舉，可不謂周乎？中國以茶葉大黃歲數百萬濟外夷之命，英夷乃以鴉片歲數千萬竭中國之脂。惟彌利堅國鄰南洲（按：指墨西哥），金礦充溢，故以貿易貨外，尚歲運金銀數十萬以裨中國之幣，可不謂富乎？富且強，不橫凌小國，不桀驁中國，且遇義憤請效馳驅，可不謂誼乎？〔註64〕

〔註60〕當時欽差大人協辦兩江總督伊里布，亦有「以美制英」的想法，詳見本文第二章，第一節。

〔註61〕《海國圖誌》原刻60卷，1847（道光27年）刊於揚州，一時朝野爲之風靡，爭相傳刻流布，魏源復加增補編輯，於1852年（咸豐2年）重補成一百卷，刊於高郵州。後人乃更廣爲搜羅，由美國林樂知、寶山瞿昂來，英國傅蘭雅，無錫徐建寅等人增補，成續集25卷。全書共125卷。據魏氏《重刻海國圖誌序》，原刻60卷成於道光22年（1842）。

〔註62〕《海國圖誌》。關於美國者，收錄有《美理哥國志略》、《四洲志》、《職外方記》、《每月統紀傳》、《萬國地理全圖》、《外國史略》、《地球圖說》、《地理備考》、《瀛寰志略》。

〔註63〕《海國圖誌》後敘。

〔註64〕《海國圖誌》卷59，外大西洋墨利加洲總敘。

以生逢於十九世紀初君主專制體制下及「天朝世界觀」的中國士大夫，能對西方議會政治，有如此熱烈的禮讚，實耐人尋味！魏源所謂美國「運金銀數十萬以裨中國」、「富且強、不橫凌小國，不桀驁中國」，亦可看出其對美國人具有特別好感。

《海國圖誌》，刊行於 1847 年（道光廿七年），廣受中國朝野的矚目，其所謂「以夷攻夷、以夷款夷」、「師夷長技以制夷」之說，多為時人所不能道，未曾聞，一時蔚為「奇書」。〔註65〕對於鴉片戰爭挫敗於英人的滿清政府而言，此時朝野有「以美制英」之呼聲，未嘗沒有是受到《海國圖誌》所刊載的美國建國史實——與英交鋒屢勝——的影響。〔註66〕

繼《海國圖誌後》，中國對美國的知識，已日漸增加，1848 年徐繼畬（1795-1873）的《瀛寰誌略》，所記大抵不越《四洲志》、《海國圖誌》之範圍。〔註67〕描述美國政制則云：

> 頓（按：華盛頓）既定國，謝兵炳，欲歸田，眾不肯捨，堅推立為國主。頓乃與眾議曰：得國而傳子孫，是私也，牧民之任，宜擇有德者為之。仍各部之舊，分建為國，每國正統領一，副統領佐之（副統領有一員者，有數員者），以四年為任滿（亦有一年二年一任者），集部眾議之，眾皆曰賢，則再留四年（八年之後，不准再留），否則推其副者為正。副或不協人望，則別行推擇鄉邑之長，各以所推書姓名投匭中，畢則啟匭，視所推獨多者立之，或官吏，或庶民，不拘資格。退位之統領，依然與民齊齒，無所異也。……又推一總統領……各國皆聽命，其推擇之法，與推擇各國統領同，亦以四年為任滿，再任則八年，自華盛頓至今，開國六十餘年，總統領凡九人。〔註68〕

繼而，極稱華盛頓之豐功偉業，與光明磊落，公正無私。他說：「華盛頓，異人也。起事勇於勝廣，割據雄於曹劉。既已提三尺劍開疆萬里，乃不僭位號，不傳子孫，而創為推舉之法，幾於天下為公，駸駸乎三代之遺意也。」〔註69〕

〔註65〕關於魏源之生平及其思想，可參考王家儉，《魏源對西方的認識及其海防思想》（台北：大立出版社，1984）。與氏著《魏源年譜》（台北：中央研究院近代史研究所專刊，1967）。

〔註66〕《海國圖誌》卷59、60、61，彌利堅總記。

〔註67〕《瀛寰志略》所記美國者，有疆域、國界、氣候、山川、物產、政制……，大抵不出前人所記。

〔註68〕《瀛寰志略》（道光28年刊本），卷9，頁15。

〔註69〕《瀛寰志略》（道光28年刊本），卷9，頁15。

最後則總結云：

> 南北亞墨利加袤延數千里，精華在米利堅一土，天時之正，土脈之
> 腴，幾與中國無異，英吉利航海萬里，跨而有之，可謂探驪得珠，
> 生聚二百餘年，駸駸乎富溢四海，乃以培克之故，一決不可復收，
> 長國家而務財用，即荒裔其有幸乎，米利堅合眾國以爲國，幅員萬
> 里，不設王侯之號，不循世及之規，公器付之公論，創古今未有之
> 局，一何奇也，泰西古今人物能不以華盛頓爲稱首哉。〔註70〕

由上可見，徐氏對美國政制擊節稱賞，對華盛頓衷心敬佩。亦正因如此，美國政府於 1867 年（同治 6 年），特將一幅華盛頓的畫像，運來中國，贈送徐氏。〔註71〕

　　總結上述，我國人對美國史地的介紹，一直到鴉片戰爭前後《四洲志》及《海國圖誌》的發刊，內容才逐漸豐富，除了對美國地理位置、國土疆界、氣候、物產的介紹外，對於美國民主政制亦有初步的印象。

〔註70〕《瀛寰志略》（道光 28 年刊本），卷 9，頁 34-35。
〔註71〕《中美關係史料》同治朝上，頁 475-476。

第三章　條約體系時期（1842-1862）

第一節　美國與鴉片戰爭

　　鴉片走私到中國，最後引起鴉片戰爭，乃中英間的最大衝突。鴉片戰爭後，中英簽訂「南京條約」，此為近代中國進入條約體系（Treaty System）的開始。鴉片走私幾乎全由英商包辦，但不少美商亦參與其間。1830 年代，美國對華之入超額，有顯著的增加，此與美商走私鴉片有絕大的關係。何以鴉片戰爭期間，中國官府對美國仍大有好評，甚至有以美制英之說？本文係針對鴉片戰爭前後，中美官商之交涉及美商在中國之表現，探求此一時期中外交涉中，中國官府對美國之觀感。

　　美商開始販賣鴉片來華，大抵是在十九世紀初期，以土耳其出產之金花土運銷中國。〔註1〕此後歷年輸華之數量，有增無已，自 1827-30 之間，美商每年販運鴉片為一千二百箱到一千四百箱，約值美元六十萬到七十萬，佔當時美商對華貿易之九分之一，美商除自土耳其販鴉片到中國外，亦替英人自印度代運與在中國代銷鴉片，代銷鴉片可得佣金百分之三，外加紅利百分之一，獲利甚高，故當時在華美商，除一、二人外，莫不趨之若鶩。〔註2〕當時

〔註1〕 美國運銷土耳其鴉片，自 1805 年即已開始，或者在此以前，當時有美國的三艘雙桅船，自土麥那（Smyrna）滿載鴉片。在這年美國人運出 124 包又 51 箱鴉片。見丹涅特（Dennett Tyler）*Americans in Eastera Asia*, 第六章〈美國對華的鴉片貿易〉，pp.115-127。齊思和譯，收入楊家駱主編，《鴉片戰爭文獻彙編》（台北：鼎文書局，1973），頁 297；李圭《鴉片事略》；〈其他波斯所產曰『新山』，又曰『紅肉』，土耳其所產曰『金花』……〉。

〔註2〕 Tyler Dennett , *Americans in Eastera Asia* , pp.116-117。

鴉片商人組成的私人企業主要有怡和洋行、寶順洋行、倫敦東印度協會、曼徹斯特商會和旗昌洋行。其中旗昌洋行是美國商人開設的，旗昌洋行擁有美國特製的鴉片飛剪船（Opium Clipper），進行武裝走私，像玫瑰號、氣精號、西風號、妖女號、羚羊號、安格洛納號與馬澤帕號等〔註3〕都是美國特製的飛剪船，除速度快之外，船上並裝有重武器。根據牟安世《鴉片戰爭》所記：

> 以羚羊號為例，每側都裝有兩門砲，另外在船當中，還有一尊舊式
> 海軍砲，主桅四角的架子上，層層疊疊地排列著一些攻入敵船時用
> 的長矛，後甲板上的大軍械櫃裏，則滿裝手槍和撲刀。（頁59）

可見美國鴉片商人，在武器裝備上之齊全，其決心是毫不下於英國商人。

　　美商代英人運銷鴉片之數量究竟有多少？並無確切數字可參考。1839年林則徐到廣州查禁鴉片，查獲美人代銷英人鴉片有1,540箱，此起英人之兩萬箱，確瞠乎其後，〔註4〕但是就當時對華貿易而言，仍有相當大的影響力。

　　源自1820年起，美國海獺皮、檀香木等物質的來源日形耗竭，鴉片的運銷已成為當時美國對華貿易中西班牙幣的主要代替品。1821-1830年間，美國對華入超為17,477,013元。1831-1840年間，入超增至48,474,020元，〔註5〕而此十年間，美商運到中國的西班牙幣較前十年平均減少百分之八十。〔註6〕美商究竟憑藉什麼支付如此巨大的入超數字？美商以同樣價值的鴉片運入中國，是極為可能的。〔註7〕

　　1839年正月，林則徐到廣州查禁鴉片時，嚴諭各國商人出具甘結，永不夾帶鴉片。英國商人叫囂反對，並一味矇混。此時美國商人卻大多表現出合作態度，並且指責英國從事鴉片走私之不當，殊令人感到意外。如美商查理京（Charles W. King），直接具稟林則徐，聲稱他從未販賣鴉片，並曾隨時勸告各人「此項毒物萬不應做」，他願稟明欽差，若果後來販賣鴉片，願受刑罰，他並希望各商一齊稟報順從，請求欽差放寬他個人的貨船買辦等等的限制。〔註8〕至同年五月英商務監督義律（Charles Elliot）仍拒絕具結，並率英商退出廣州寄居澳門，欲美商與之採取一致行動，美商拒之，仍獨留廣州，

〔註3〕牟安世，《鴉片戰爭》，（上海人民出版社，1982）。

〔註4〕林則徐，《信及錄》，頁43。李定一《中美早期外交史》，頁98。

〔註5〕牟安世，《鴉片戰爭》頁85。

〔註6〕李定一，《中美早期外交史》，頁99。

〔註7〕牟安世，《鴉片戰爭》頁85。文中極堅決肯定美商以鴉片代替西班牙銀輸華。

〔註8〕《信及錄》，〈米利堅國夷商具稟該商向不販賣鴉片由〉（己亥二月十一日到）。

不久美商即遵命具結。美駐廣州領事土那（Peter W. Snow）並對林則徐承諾「嗣後本國各商，遵例不敢販賣鴉片，本國將來所到之船，倘到別國買鴉片夾帶來粵，遠職將禁例告之，飭令該船回去也。」〔註9〕如前所述，鴉片走私使美商獲利頗厚，美國鴉片商人其武裝鴉片走私之決心亦不下於英國，何以林則徐到廣州禁煙時，美商不但贊成，甚至反對使其可牟利的鴉片走私，分析其原因仍不外「利益」二字。

由於美國本土不能生產鴉片，鴉片的產源幾乎全是英人控制。代英人運銷印度鴉片到中國，獲利雖厚，但祇是暫時的。一旦英人船舶充裕，來華英商增加，美商便將失掉代運代銷的機會。中國政府一旦禁煙成功，英商必首當其衝，美商可趁勢取代英商之地位。因此中國政府之禁煙，實際上正是打擊美商對華貿易的最大競爭對手——英國的最佳手段。美商雖斷絕鴉片走私而受損，然則其取代英國之商業地位獲利更大。兩相權衡之下，其樂於具結，當可想見。〔註10〕

英國要求美商與之一同自廣州撤退的理由，是想聯合各國行動，使中國明白停止貿易對中國也一樣有害。美商留在廣州貿易，英國尚且派兵阻撓。〔註11〕林則徐以其對美國的認識，〔註12〕認為「咪唎堅國無國主，祇置二十四處頭人，礙難偏行傳檄；嘆咭唎國現係女主，年紀亦輕，然聞號令係其所出」。〔註13〕因此林則徐雖知美商亦走私鴉片，但先就英國頒佈檄諭。實際上此亦是利用各國商人利害衝突，回擊義律抗拒具結之法，使英人易於就範，〔註14〕林則徐趁禁煙新例尚未頒佈到粵的機會，對首先進口美船所具的甘結，並不嚴限定明「貨即入官，人即正法」的字樣。因此從1839年五月（道光十九年三月）初宣布開艙，到七月中，前後不及兩個月，美船就進來了九隻，林則徐稱美商：

> 「販運洋米、棉花、洋布、黑鉛等貨，均於量明水誌之後，進口查驗，俱無夾帶鴉片，并有帶來買貨洋錢，十五萬數千圓，據通事等稱，夷船攜帶洋錢，近年頗為罕見，尤可為不賣鴉片之明證」。〔註15〕

〔註9〕　《信及錄》，頁56。
〔註10〕　李定一，《中美早期外交史》，頁99-102，對此一問題，有詳細的說明。
〔註11〕　《道光夷務始末》卷16，頁2。林則徐奏「聞他夷在澳者，因英夷阻其貿易，咸憤不平，如米利堅、法藍西等國……」
〔註12〕　詳見本文第二章，第三節。
〔註13〕　《道光夷務始末》卷7，頁29-31。
〔註14〕　林崇墉，《林則徐傳》（台北：商務印書館，1976），頁393。
〔註15〕　《林文忠公政書》，使粵奏稿卷三。〈會奏夷船互市情形並空躉開行隻數摺〉。

就中國而言，廣州對外貿易，並不因英商的撤退及英船而受到窒息；相反地，且逐漸恢復了常態，到是年十二月止，外船陸續遵式具結入黃埔者約有六十二隻，其中美船遽增為四五隻，他們為中國帶來將近二百萬的銀元。〔註16〕就美國而言，此一中英衝突時期，英商所需的中國商品全靠美商代運，自黃埔至澳門或香港的單程運費，每噸竟高達四十餘西幣，最低亦三十餘西幣，這種情況，直到 1840 年，六月廿八日英海軍宣佈封鎖中國港口為止，美商一直利用中英對峙的情勢，機巧地獲得厚利。〔註17〕

中英在廣州對峙時期中（1839 年 5 月-1840 年 6 月），美人除獲得暴利外，還贏得中國朝廷的好感。如美商在遞給英國國會的請求書裏，云「無論我們從道德和慈善的眼光看這問題，或祇從商業的眼光看這問題，我們都萬分願意看到中國完全斷絕輸入及吸食鴉片」。〔註18〕1839 年、6 月 3 日林則徐在虎門銷毀鴉片二萬餘箱時，並有三位美人攜眷觀看。此三人即高理文（E. Bridgman）、车遜（Benson）與查理京（C. W. King）夫婦。林則徐確係對美人有好感，稱「查夷商嚟（按：查理京）平素係作正經買賣，不販鴉片人所共知」，又讚其「傾耳孜聽、俯首輸誠，查其情形頗知傾心向化」。〔註19〕

由林則徐在廣州禁煙之舉，亦可看出其頗有「以夷制夷」的想法，欲施惠美國，藉以制英。據高理文所記，其在虎門會見林則徐時，林氏頻問及英國海軍情況，在得悉英國海軍甚強時，屢蹙額不已。林氏於鴉片戰前所撰的《四州志》，已記有「堪與英國成勁敵」之說，〔註20〕1840 年 10 月，當英海軍封鎖中國海岸後，林則徐「聞他夷在澳者，因英夷阻其貿易，咸憤不平，如米利堅、法蘭西等國，其力皆足以頡頏；僉謂英船若不早回，伊國亦必遣船與之講理」。〔註21〕

與林則徐抱同樣意見的，還有當時的欽差大臣協辦兩江總督伊里布。1841年，二月伊里布上奏，請優待美國，使其與英國相抗。其文曰：

〔註16〕 林崇墉，《林則徐傳》頁 394。另據《道光夷務》卷9，頁 3。林則徐等奏稿「自嚴辦鴉片以來，各夷埠均有所聞，以鴉片出自英國，此後該國買賣可減，別國買賣可增。……米利堅國之船，現來四十五隻，則比往屆全年之數，已有浮多，尤見天朝聲教覃敷，並不少此英吉利一國。」

〔註17〕 李定一，《中美早期外交史》，頁 104。

〔註18〕 〈美國對華的鴉片貿易〉收入《鴉片戰爭文獻彙編》，頁 303。

〔註19〕 Chinese Repository, Vol VIII, pp.75-77 ；中文見《道光夷務》卷 7，頁 19。

〔註20〕 《西方及列強認識》，第一輯第一分冊。頁 198。

〔註21〕 《道光夷務》卷 16，頁 2。

……素知在粵通市各國，嘆咭唎之外，惟咪唎堅國最爲強大。其國
地平多米，嘆夷仰其接濟，不敢觸犯，而咪夷在粵，向係安靜，非
若嘆夷人之頑梗，若優待咪夷，免其貨稅，又將嘆夷之貿易，移給
咪夷，則咪夷必感荷天恩，力與嘆夷相抗。……此時粵省情形甚爲
迫切，再與接仗（按：指與英交戰），是否必勝，殊難預期。……若
假咪夷之力，以制嘆夷，似覺事半功倍。〔註22〕

在伊里布心目中，美國是「地平多米」，英國甚且仰賴其接濟，不敢觸犯，
此雖爲誇大之詞，但亦可知伊里布對美國是否能制服英夷，抱持相當大的期
望。

自 1840 年九月，道光降諭革職林則徐的兩廣總督職務後，美國商人之販
賣鴉片者，即又重操舊業，是故當加尼司令（Commander Lawrence Kearny）
於 1842 年四月到達廣州時，其職務有二，即保護美僑生命財產與防禁美船或
他國船隻懸掛美國國旗走私。實際上，美國派遣東印度艦隊，到中國保護美
商是不必要的。如前所述，美商運送鴉片之飛剪船不僅速度快，且輕重武器
齊全。曾有一位船員尚且自豪地說「我們有充分的準備與無賴的中國人一戰，
一兩艘中國官船絕對無法把我們趕出航線」，〔註23〕美國海軍想杜絕美商走私
鴉片，似乎是無法做到的。加尼曾要求美國駐粵副領事，頒佈一通告美商的
公告，文云「美國政府不容許懸掛美國國旗在中國海從事違反中國法律的鴉
片走私。自此公告後，任何美國船舶倘因此而遭中國官府之逮捕，本司令絕
不予以任何援救」。〔註24〕此通告雖對美商發生不了多大效用，但卻贏得清廷
對美國政府的好感。

加尼在中國一年，並沒有達成美國政府派遣他到遠東來的初衷，但卻越
出訓令，向中國官府直接討論訂約的問題，他於中英已簽訂「南京條約（1842
年八月廿九日）」之後，致函兩廣總督祁墳，提出與英商一體貿易的要求。祁
墳與靖逆將軍奕山巡撫梁寶常會商後，決定令其「聽候欽差大臣到粵，會同
查覈，再行辦理」，此清廷三位官吏對加尼之請求，反應是「米利堅之人，向
頗恭順，現亦無不合理之言」。對於美人伯理（Dyer Ball）熟習天文算法，欲

〔註22〕《道光夷務》卷 16，頁 22。
〔註23〕牟安世，《鴉片戰爭》，頁 58。
〔註24〕 *Chinese Repository*, Vol XI, p.259。Jules Davids ed. *American Diplomatic and Public Papers*, Series 1: *The Treaty System and the Taiping Rebellion, 1842-1860*. Vol. I, *The Kearny and Cushing Missions*.

進京效用一事,則認爲夷情終屬詭譎,以駁斥飭回。〔註25〕由於所請無效,美商迫不及待,轉往寧波請求貿易,根據耆英的奏稿:

> 浙江甯紹台道鹿澤長稟報,十月廿五日,有夷船一隻駛至甯波。詢係花旗國,即咪唎堅商船。裝載洋布等物,欲求貿易。當經該道等,諭以咪夷,雖奉諭旨,准其通商,因章程未定,尚未通市。該國向在廣東貿易,應仍回廣東,向其開導,該夷頗爲恭順。當即整理帆索,於廿七日,起碇開行等請。〔註26〕

可見美商雖不顧訂約與否,逕赴寧波請求貿易。中國官府並未因此而大怒,僅曉諭其回廣東通市,並言「向其開導,該夷頗爲恭順」。

按照清廷頒給赴粵與英人談判商約的欽差大臣伊里布的諭旨,提到美國要求在新開口岸通商時稱:「總當循照舊章,不可有所增改。或洋商有苛累該夷之處,著查明示禁,以昭體恤。倘敢覬覦另設碼頭,務即剴切諭止,斷不准稍有遷就。」〔註27〕但伊里布對於這個政策不表同意,特上書剖陳利害:

> 竊維添設碼頭,番船同來貿易。前在江寧,夷酋樸鼎查曾有各國前來福建江浙各處通商,中國但肯允准,該酋斷不阻止,以求專利。是其意已暗有邀約各國,同來商販之見。且米利堅船前在浙江乞求,今又在廣東稟求。佛蘭西前赴江寧,大約亦意在通商。若我專准英吉利添設碼頭,他國均不准同販,恐其船隻衣服,無甚區別,難以辯白。且恐止,致生枝節。反使各國以英國藉口。又慮英吉利串通,一同前來商販,我亦難於阻過。反使惠出酋夷,而各國德在英國,怨在中國,亦爲失算。〔註28〕

當時兩江總督耆英,亦對清廷「飭令伊令布,布曉該夷(美國),不得覬覦」的政策,表示反對。其奏稱:

> ……法窮則變,與其謹守舊章,至多棘手,莫若因勢利導,一視同仁,如米利堅等國,必欲在閩浙江蘇通商,似可准其一併議定稅則,任其所之,但不得於閩浙江蘇之外,另有覬覦,亦不准在閩浙江蘇專設碼頭……且閩浙江蘇等省,既准貿易,即增此各夷,似無妨礙。

〔註25〕《道光夷務》卷 63,頁 17-18。
〔註26〕《道光夷務》卷 63,頁 29。
〔註27〕《道光夷務》卷 63,頁 19。
〔註28〕《道光夷務》卷 64,頁 37。

並可將聚集一處之夷船，散之五處，其勢自漁，其情自離。藉以駕
馭外夷，未始非計。〔註29〕

伊里布與耆英「一視同仁」的政策，爲朝廷所採納，亦即是中國在 1843 年自
動採取了「門戶開放，機會均等」的政策。其最終目的，仍是希望「藉以駕
馭外夷」。〔註30〕

　　耆英於 1843 年七月抵粵後，十月八日即與英使訂立「中英五口通商章程」
及「五口通商善後條款」（虎門條約），耆英因恐英國不願各國分得其利，故
於虎門條約中，訂明英國不得反對中國允許他國在新開四口岸貿易，英國因
而提出中國如有「新惠施及各國，亦應准英人一體均霑」，〔註31〕中國欲使各
國獲得均等貿易機會的善意，遂因此使英人享有片面之最惠國待遇，此項條
約使中國喪失諸多利權。同年，七月，廿七日（七月一日）耆英正式宣布准
許各國按照新章至新增各口通商。九月廿日，美國廣州領事館通知其國務院：
「我國人現已完全取得與英國相同的特權，中國朝野仍繼續對美國人保持好
感」。〔註32〕十月耆英並飭令中國官吏，接見美新任粵領事福士（Paul S. Forbes）
粵督祁墳及廣東巡撫程矞采等人，認爲：

　　向來各國夷目稟請事件，皆由洋商傳諭遵照，並不傳見，情暌勢隔，
　　各該夷每以不能自達爲恨事。現當更改章程之際，若不傳見，與之
　　當面要約，必仍多致疑，反復不定，殊非撫馭之道，因先飭黃恩彤、
　　咸齡與之接見。情詞極爲恭順……臣耆英、祁墳督同黃恩彤等於城
　　外公所，分別傳見。〔註33〕

　　可見 1843 年十月，中國官府即與美領事口頭承諾，准予新例在五口通商。
耆英爲使各國商人安心，並「宣布皇恩，准其（各國夷人）前赴各口，一律

〔註29〕《道光夷務》卷 64，頁 43。
〔註30〕若干美國史家，僅根據加尼向美國政府的報告，認爲加尼與中國政府最先獲
　　　　得享有最惠國待遇的協議，是不正確的。蓋 1843 年元月，伊里布與耆英已與
　　　　清廷議採「一視同仁」的政策。因此，開放通商口岸，乃出於中國之主動，
　　　　非由美艦司令加尼之要求。蔣廷黻有文載《中國社會及政治學報》(*The Chinese
　　　　Social and Political Science Reviem*) 15 卷第 3 號，頁 422-444。及 16 卷第 1
　　　　號，頁 105-109，即在辨明此事。
〔註31〕*Treaties, Conventions etc., between China Foreign States.*（中國海關出版）Vol
　　　　I, p.201,〈中英五口通商善後條款〉第八款。
〔註32〕李定一，《中美早期外交史》，頁 125。
〔註33〕《道光夷務》卷 69，頁 35。

通商……並重申禁令，止准在五口貿易租房居住，不准駛往他處，一切章程悉照嘆咭唎辦理，該夷目等悉皆歡欣鼓舞而去」。〔註34〕

由本節敘述可知，在中英爲鴉片而對峙時期（1839 年 5 月-1840 年 6 月），美商不但沒有因不能販煙而血本大虧；相反地，由於與中國政府合作，遵守具結，而取代英人在廣州之商業地位獲得暴利，及至中英簽訂「五口通商善後條約」，加尼司令更順水推舟要求「與英一體貿易」，中國政府於衡量各方利害後，終於決定一視同仁，開放他國在新開四口貿易。美國政府覬覦之心，每有斬獲，但並不影響中國官府素來對美國的良好印象，中國少數官吏亦頗思示惠美國，以抵制英國。加尼司令率領東印度艦隊抵華，雖然沒有達成其「阻止並懲罰」美國人販運鴉片的任務，但其致美商的公告，確係贏得中國朝野的好感，同時無損於美商的實際利益。顧盛（Caleb Cushing, 1800-1879）到中國前一年，中國對美國的好感，已爲望廈條約之簽定，建立了一個較有利的情勢。

第二節　中美望廈條約交涉下官方的態度及認識

1844 年，中美簽訂了第一個條約，即望廈條約，關於美國政府如何派遣顧盛使團來華，及簽訂望廈條約之經過，一般中美外交史書中已有詳言，本文不贅。僅擬以中美望廈條約交涉期間，中國官府對美國的態度及認識做一剖析。

1842 年八月廿九日，中英簽訂「南京條約」，十二月，美國總統泰勒（John Tyler）即咨照國會，報告南京條約內容，建議遣使赴華要求通商權利並處理外交事務與保護在華僑民。並謂中國已與英國訂約增加通商口岸，惟他國能否享受同等之權利尚不可知，美國對華貿易每年平均已達九百萬元，設中國能許美國至新增口岸通商，則貿易必可大爲增加。基於此種因素，遂有顧盛使團的派遣，〔註35〕其目的則在要求中國正式允許美國與英國享受同等之通商權利。〔註36〕

〔註34〕《道光夷務》卷 63，頁 37。

〔註35〕李抱宏，《中美外交關係》頁 36。

〔註36〕當時美國政府對顧盛使華之訓令要點有五：一，要求與英人享有同樣便利，得加入新增口岸通商之權利。二，與中國進行交涉應分外謹慎與鄭重，既不妄啓釁端，亦不得有損國威。三，在適宜與可能之範圍，應請進京。四，嚴禁美國人民販運鴉片。五，應盡表現美國國力之雄厚，惟不得干涉中國與其他各國間之關係。由此訓令可知，美國遣使之目的，在於要求與英國一體貿

　　如上節所述，1843 年十月，耆英曾飭令中國官吏傳見美領福士，與之當面要約，准依新例允許五口通商。口頭之允諾既已達成，福士即於此時告知中國官府「該國酋長，已另派使臣來粵欲請文進京，瞻覲天顏，藉伸仰慕之忱，海上風信靡常，不知何時可到」，〔註 37〕朝廷對於美使即將來華且「進京」的消息，自亦非常重視。美使「瞻覲天顏」，「不過伸其景仰之忱，別無他意」。〔註 38〕耆英對此事的反應，則是美人為英夷所愚弄，「嘆咭唎欲求假借聲威，誇耀鄰國，慫恿嘆咭唎為之先容」。〔註 39〕原因是中國既已運用「虎門條約」第八款「有新恩施於各國，准英人一體均沾」之語，於是英人「惟聞咪唎堅欲求進京，儻蒙大皇帝允准，伊國亦當邀恩」，據此耆英以「進京」一事，為英美「相互勾串，巧為嘗試」。諭令曰「若各國紛紛請覲，觀光上國，不但無此政體，且與舊制有乖，萬難代奏。至現在已准一體通商，天恩高厚，爾等果能約束商人，公平交易，照例輸稅，無稍漏稅，大皇帝必然嘉悅也……斷不准稍有含混，別生枝節，是為主要」，〔註 40〕福士答稱「願即稟阻，但能否阻止，伊不敢定」。〔註 41〕耆英在粵候至是年十二月，尚未得美使抵華之消息，遂返抵兩江總督任所。其對福士的印象甚佳，認為「該夷福士，言詞誠樸，情極恭順，非桀驁不馴者可比」。〔註 42〕

　　顧盛於 1843 年七月卅一日乘艦由美啓程，於翌年七月廿七日抵達澳門。時祁墳已卸任，由廣東巡撫程矞采護理兩廣總督。顧氏於 1844 年七月廿七日，即照會程矞采稱：

> 為照會事：照得本公使蒙本國正統領差遣來到北京，為合眾國欽奉差遣全權善定事宜公使大臣之職，付以全權，致可為本國以合眾國之名，會同中華奉上諭便宜行事大臣或大臣等，商議兩國民人相交章程，並立定中華與本國永遠公議和好條約，既裁奪後，復書名畫押以實之。〔註 43〕

可見美使顧盛在得知中國口頭允諾，與英國一體施恩之後，希望議定一章程，

　　　　易。參見 Tyler Dennett , *Americans in Eastern Asia* , p.113。
〔註 37〕　《道光夷務》卷 69，頁 36。
〔註 38〕　《道光夷務》卷 69，頁 38。
〔註 39〕　《道光夷務》卷 69，頁 39。
〔註 40〕　《道光夷務》卷 69，頁 39。
〔註 41〕　《道光夷務》卷 70，頁 18。
〔註 42〕　《道光夷務》卷 70，頁 18。
〔註 43〕　《中美關係史料》道光朝，頁 5。

確保兩國永遠和好之約,並「畫押以實之」。又云:

> 本公使必須登岸居住,約一月之間,候該沒蘭的灣兵船滿載糧食,
> 並預備各般事體,然後駛赴天津北河口而去。但因本公使當離國之
> 日,蒙本國正統領囑令職任各事內載有一款,囑令本公使到中華之
> 日,刻即恭請大皇帝福安。爲此本公使亦甚悅行此職任之事。既知
> 貴大人爲本省大員,是以咨請代爲合眾國並本公使眞誠恭請大皇帝
> 福安,伏願皇上萬壽無疆,國祚綿長之至意。……俾本公使得以因
> 週便機會,刻即呈遞本國正統領知悉大皇帝果屬福安。〔註44〕

此即欲逕赴天津「進京」之請。

程矞釆對於美使「進京」之答覆:

> 此事尚須斟酌而行,不可輕有舉動。查各國使臣赴中華,晉京朝見
> 大皇帝,均須在近邊口外停候各省大吏奏明請旨,分別准行與否,
> 再取進止。若不待奏請,逕以兵船駛往天津,殊與體制未協。且天
> 津向各國商船貿易,與粵東情形迥不相同。貴公使到彼後,既無熟
> 識之官員可以照料,又無諳曉語言文字之通事,可以傳話往來,若
> 欲朝見大皇帝,深恐其情無由上達……實屬諸多不便。〔註45〕

至於訂約一節,則特別強調美國與英國不同:

> 與中國搆兵連年,始議和好,彼此未免猜疑,故立條約以堅其信。若
> 貴國自與中國通商二百年來,凡商人之來粵者,無不循分守法,中國
> 亦無不待之以禮,毫無不相和好之處,本屬和好,何待條約,與嘆咭
> 唎之初與中國不和,後使兩歸於和,不能不堅定條約者,礙難並論。
>
> 〔註46〕

美商既與享受同等貿易權利,實利已得,訂約「無關實惠」,「勿崇飾虛文」。
〔註47〕

清廷於接到廣東的報告後,及調耆英爲兩廣總督馳驛赴粵,旋加命爲欽差
大臣,與美使在粵「商定章程」。並於程矞釆竭力阻止美使北上,又通令沿海各
督撫「分飭各海口員弁,如有米利堅使臣船隻停泊,切毋開礮接仗,所需食物

〔註44〕《中美關係史料》道光朝,頁5。
〔註45〕《中美關係史料》道光朝,頁6。
〔註46〕《中美關係史料》道光朝,頁6。
〔註47〕《中美關係史料》道光朝,頁6。

淡水准其購買，但不准夷商登岸。並諭以耆英已抵廣東，另其折回粵洋，聽候辦理」〔註48〕可見當時清廷雖不願任令美使北上進京，但因中英戰事剛結束，亦不願貿然與美國再生糾紛。顧盛於接到程矞采的回信後，即又移文照會程氏（1844年，三月廿三日），仍以入京瞻觀爲由，謂儻不欲其引帶兵船北上，則自願由內河進京，以免多生疑慮。同時復表示不願與程矞采作任何談判，謂「因奉國家諭令，已囑本公司不得與各等官員商論，因國事機密，未便妄議，止與貴國親差大臣商酌……倘貴國家不欲任本公使赴往北上，此貿易章程在此定著，萬無緊要，爲另有數款國家密事，必須在京都大皇帝朝廷定酌」。〔註49〕清廷復諭程矞采，命其轉告美使，囑其在粵靜候親差大臣，無論由外海或內河進京皆斷不可行；一面頒給耆英以親差大臣關防，命其「兼程行走，到粵後，倘該國呈遞書信，提及朝覲一節，告以中國自有定制，向例所無者，不能增加，如有非理要求，著一面拒絕，諭以礙難入奏，一面仍密封聞奏」。〔註50〕

耆英尚未行抵粵省，顧盛已不耐久等，四月十三日即以武力示威方式威脅程矞采，派遣「沒（勃）蘭的灣號」直駛黃埔，「兵頭吧駕」（按：Foxhall A. Parker）藉口「該船進口專爲約束商梢，防範海盜，並無別意」，〔註51〕程矞采飭令顧盛約束禁止。並以爲：

> 該國使臣顧盛遠住澳門，無從與之接見，即伯駕船泊深井，亦何敢私相往來。惟外夷性躁多疑，而該國從來未通朝貢，其於天朝法度，多未諳熟悉，因未便過於遷就，長其驕亢之端，亦不得不稍事羈縻，開其覺悟之路，現已再申例禁，曉以情理……所有節次往來照會，臣未敢一一鈔呈御覽，致涉煩瀆。〔註52〕

此奏章與上述三月初程氏之奏摺，稱美國「自與中國通商二百年來……無不循分守法，中國亦無不待之以禮，毫無不相和好之處」，〔註53〕措辭已顯有不同，兩國交涉之緊張情勢亦可見之。

反觀顧盛對於程矞采的照會，則有要脅、挾制之口吻：

> 按西洋諸國成規，若不款接外國使臣，即是欺藐其國，是與人以出

〔註48〕《道光夷務》卷71，頁14。
〔註49〕《中美關係史料》道光朝，頁7；《道光夷務》卷71，頁16-17。
〔註50〕《道光夷務》卷71，頁18。
〔註51〕《道光夷務》卷71，頁24。
〔註52〕《道光夷務》卷71，頁24。
〔註53〕《中美關係史料》道光朝，頁6。

師之名也……，貴大人以爲有英國公使璞鼎查舊樣可以循照，若依璞公使地位，則所行者殊屬盡善盡美，且相宜於所辦之事。然合眾國若全仿行之，則必須先令中國人民再罹兵燹之災，尤須在中國海岸占一嶼，以爲官兵屯寄之所。卻見以爲中國之人，斷不欲合眾國有此行爲……。〔註54〕

接著又以堅決、恫嚇的語氣告訴程矞采，如果中國督撫仍然拒絕與外使交往，「斷難以保全和好之雅誼」。顧盛一再表示，美國係「國政和好、土產豐裕之大國」，並呈閱「亞美理駕邦會紀略」一卷，〔註55〕內容記有美國之建國史紀，邦國創制、物產、技藝。其對美人勇戰英軍立國之描述，對於剛挫敗於英國的滿清政府，應有警惕戒慎的作用。〔註56〕

四月廿九日（道光廿四年，三月十二日）耆英即照會顧盛，請其在粵靜候，面商一切。五月卅一日，耆英自江蘇抵粵，正式展開談判訂約之交涉。六月九日，顧盛收到耆英不日即將赴澳門與之會悟的照會，文中美國較中國低兩格，顧盛將該照會退回。當耆英正擬首程赴澳門附近與顧盛會談前夕（六月十六日），廣州突發生「徐亞滿事件」。這一樁中美的偶發事件，在當時雖因耆英不願中國多事而畏怯忍讓，並未影響中美談判的進行，但對後來望廈條約中領事裁判權的規定，有直接的影響。〔註57〕

六月廿一日，顧盛照會耆英提出中美條約之草案，有三：「第一款，理論聯國實願與中國商量，堅立各條約基址，永結友睦和好之雅誼。第二款，理論聯國並非佔據中國之地方，實願聯國與中國以仁義恭敬相待兩國體面之情形。第三款，理論本國之國政相約國，實願與中國商量，設立周全兩國相交貿易條約章程。」〔註58〕

耆英致函顧盛的答覆：

各國來粵通商者，大小不一，而既至中國，則應以中國爲主，此亦如中國商人赴各國貿易，所到之處，即爲其主之處，此一定之情理也。

〔註54〕《中美關係史料》道光朝，頁15。
〔註55〕《中美關係史料》道光朝，頁21。
〔註56〕《中美關係史料》道光朝，頁23-24。
〔註57〕關於「徐亞滿案」見於《中美關係史料》道光朝，頁92。另可參考李定一，《中美早期外交史》，對此一事件影響日後望廈條約中領事裁判權的規定，有詳細之說明。
〔註58〕《中美關係史料》道光朝，頁34。

中國之待各國商人，不能有所偏，偏則各國人心不服，是以上年本大
臣議定貿易章程，如裁撤行商、革除規費、減船鈔、定稅則、開五口，
及其餘一切有益遠商之事，大皇帝不待各國請求，即通行一體照辦，
此即一無所偏之明證，非專爲嘆國貿易通商所定也。至各國商人之于
中國，則應遵奉新章貿易輸稅，方能彼此相安，有合乎客從主人之
義。……至中國之與各國交涉者，僅貿易之一端而已，若其餘至中國
一切制度，則迥不相同。中國自有中國之制度，各國自有各國之制度，
傳之數千年，不可更易。中國不能因與各國和好，即改制度而就各國，
亦如各國不能因與中國和好，即改制而就中國也。即如中國與英國搆
兵連年，已成仇敵，迨經議和以後，所定通商善後章程，仍不能違背
中國之制度，書冊具在，可考而知……貴國與中國毫無衅隙，何必將
爭戰興師等款，列入和約乎。夫用兵之與通商不能並行，用兵則有碍
通商，通商則不宜用兵，此理之至近而易明者……。〔註59〕

在耆英而言，有三點：其一，中國對待各國皆一視同仁，開放五大港口非專
爲英國所設，惟各國應奉遵新章程輸稅貿易。其二，中國自有中國之制度，
亦如各國有各國之制度，不可更易，即如中英通商善收章程，仍不能違背中
國之制度。此爲寓意美商北上進京，爲制度之所無。其三，對美人反覆提及
爭戰興師一事，作一反駁。美人欲援中英戰事爲要脅。耆英特告以「用兵與
通商不能並行」。因此，他給朝廷的奏摺說：「……大致尚與新訂章程（指虎
門條約）略相仿，並據稱不敢陰圖占海島等語。奴才詳加覈閱，似與通商大
局無礙。惟於停止北上一節，語多游絲，但未速訂貿易條款，造冊鈐印，彼
此分執」。〔註60〕訂約已無大礙，惟恐立約後，美使仍執意北駛，對於美使之
頑固，耆英倍覺棘手。「咪夷之難於曉諭，更甚於英夷。緣英夷有馬禮遜等，
雖屬狷黠，而通漢文漢語，有事可與商議，咪夷只有伯駕（按：即 Peter Parker）、
啤治文（即高理文）（E.C. Bridgman）二人，所識漢字無多，僅能爲粵省土語，
以致兩情難以互通，甚爲喫力」。〔註61〕

　　顧盛在與中國官員開始談判後，應該明白中國已有與之訂約的誠意，同
時也了解中國對阻其北上之事，持之甚堅；加以由耆英之書信觀之，知道再

〔註59〕 《中美關係史料》道光朝，頁 34-35。
〔註60〕 《道光夷務》卷 72，頁 1。
〔註61〕 《道光夷務》卷 72，頁 4。

堅持北上，已無意義。同時最重要的是使團的經費即將用罄，希望儘快簽約，以便返國，〔註62〕因此書面通知耆英：

> 爲照覆事，前接奉貴大臣初七日來文，內開大皇帝不欲本使臣進京。又昨會晤時所說之言，本使臣亦已再三思繹，但此事本使臣若只仰副大皇帝旨意，停止北上，則大有干礙於本國，並本使臣之要害利益。又於本使臣奉命之重任，亦背華不行。是以本使臣一奉此旨，即深憂慮。但素知本國之意，及本使臣責任之事，無非以立永遠眞誠純備和好之實，是以復將此事再三尋繹，方敢允肯停止北上。並藉此以顯出本國欲立和好之確據。儻他日西洋別國，有使臣進過京後，則凡所有本國使臣之到中國者，均應以格外之恩禮，款接北上。故先聲明在案，以免臨時又復有推阻之事。又本使臣與貴大臣親議各款條約章程，必須盡心秉公，妥爲議定，不然，則本使臣進京之事，亦未能已。合併聲明，爲此照會。〔註63〕

顧盛的主旨有三：一、爲表示和好誠意，決停止北上；二、倘若他國使節進京，美國得援例；三、速議妥條約，否則仍要北上。至此時，耆英對美使顧盛之策略，已能洞悉：「北上一節已肯停止，而既以別國爲言，預言地步於異日。又以條約藉口，陰圖挾制於目前。其情甚爲譎詐」，〔註64〕然而「馭夷之法，必先遏其所逞，乃能破其所謀，該夷使既以條約爲急，即應速與會議」。〔註65〕朝廷此時已決定與美使定約，但是對美使入覲之請，仍以諭阻。〔註66〕

然而，此時美使又堅持「請求北上者，不在條約，而在國書」、「條約可以在外商定，而國書必須親齎赴京」，耆英乃認爲「國書一日未繳，則夷情一日未定，即使條約均有成言，是否北駛，仍無把握」，〔註67〕於是要求顧盛將國書呈出，求爲代奏，經過「黃恩彤及各委員詳細詰詢，乘其可轉之機，即破其堅持之見，該夷使始信服無疑，隨將所齎國書，備文呈繳前來」。〔註68〕顧盛將國書

〔註62〕Tyler Dennett , *Americans in Eastern Asia* , p.156。
〔註63〕《道光夷務》卷72，頁8。
〔註64〕《道光夷務》卷72，頁6。
〔註65〕《道光夷務》卷72，頁8。
〔註66〕《道光夷務》卷72，頁9。「該國（美國）志在通商，惟以條約爲急，自應相度機宜。妥速議定，其無礙新章者，故不妨稍示優容。其有關定制者，斷不可稍爲遷就，別生枝節。」時間爲1844年，七月廿二日（道光廿四年六月初八）。
〔註67〕《道光夷務》卷72，頁15。
〔註68〕《道光夷務》卷72，頁15。

繳出後，耆英始將條約「鈐印畫押，並犒以酒食，示以恩信，該夷使至爲歡忻，現寓澳門，一切安靜」。〔註69〕阻止美使進京之目的，既已達到，中美締結的第一次條約（望廈條約）遂於七月三日（五月初八）雙方簽字。

關於條約的內容，耆英的基本原則是「必須慎守天朝法度，通籌各國章程；持以公平，較若劃一，方能垂諸永久，中外相安。未便稍爲遷就，致墮其術」，〔註70〕換言之，即是要使各國機會均等，以免引起糾紛。因此他據此原則對六月廿一日（1844 年）顧盛所提出的條約草案四十七條，與美方談判。據耆英稱，顧盛所提之草約「有事屬難行妄事請求者，有必須要約而漏未開列者。兼之文義鄙離，字句澀晦，其間疵類多端，殆難枚舉。」經過多次「往返辯詰，……前後四易其稿」，始刪定爲三十四條。〔註71〕

關於望廈條約之條款內容、影響及評價，非本文所重，不予贅述。由上述中國官方對美使之交涉，可知中國於「中英五口通商善後條約」之後，已主動開放五大港口予各國貿易，故美使前來要求定約時，滿清政府所秉持者乃美方既已援例與英國一體貿易，勿須條約，況且中美通商二百餘年來，邦交至爲和好，更勿須一紙和約以彰顯信。美方則以口說無憑，更以國書瞻覲爲由，執意北上進京；清廷則以夷人觀光上國，有損天朝法制，雙方爲「進京」一事相持不下，清廷對外深閉固拒之態度，不惟對美國如此，對他國亦然。最後，耆英代美使呈遞國書，終於遏止美使北上之要求，中美簽下望廈條約。耆英對阻止美使北上，其技術步驟，可謂用盡機巧，步步爲營，惜其目的，就今人眼光視之，實毫無意義。

耆英雖因個人眼光所限，於望廈條約中喪失利權頗多而不自知，〔註72〕但其處理此一時期中美條約交涉，輕重緩急之間，亦有權宜變通之法；對美國之立國情勢、西洋風土人情，已有初步之認識。如望廈條約簽訂之後，其奏稿：

> 夷人會食，名曰大餐，率以廣筵聚集多人，相與妄飲爲樂，奴才在
> 虎門澳門等處犒賞諸夷，其酋長頭目來者，自十餘人至二、三十人

〔註69〕　《道光夷務》卷 72，頁 15。
〔註70〕　《道光夷務》卷 72，頁 6。
〔註71〕　《道光夷務》卷 72，頁 16。
〔註72〕　中美望廈條款較之中英條款詳盡周密，尤以領事裁判權之損失爲大。「虎門條約」所規定者，不過是英人犯罪，由英領自行審判與處罰而已。「望廈條約」則不然，除美國人民在中國犯法由「美國領事官等捉拏審訊」外，並規定美國人與他國人在中國通商口岸所有案件，中國亦不得過問（第廿五條）。參考李定一，《中美早期外交史》，頁 177。

不等。迨奴才偶至夷樓夷館，渠等亦環列侍坐，爭進飲食，不得不
與共杯勺，以結其心，且夷俗重女，每有尊客，必以婦女出見，如
咪夷伯駕，哷夷喇哷呢等，均攜有番婦隨行，奴才於赴夷樓議事之
際，該番婦忽出而拜見，奴才蹴躇不安，而彼乃深為榮幸，此實西
洋各國風俗，不能律以中國之禮……至各國雖有君長，而男女不齊，
久暫不一，迥出法度之外，如嘆夷屬女主，咪哷二夷，係屬男主，
嘆哷之主皆世及，而咪夷之主，則由國人擁立，四年一換，退位後
即等齊民，其稱號亦有不同。大都剽竊中國文字，妄示誇張，夜郎
自大，彼為自尊其主，於我無與，若繩以藩屬之禮，則彼又以不奉
正朔，不受冊封，斷不肯退居越南琉球之列，此等化外之民，於稱
讚體裁，昧然莫覺，則執公文之格式，與之權衡高下，即使舌敝唇
焦，仍昧昧褒如充耳，不惟無從領悟，亦且立見齟齬，實於撫緩要
務，甚無裨益，與其爭虛名而無實效，不若略小節而就大謀。〔註73〕

對西洋習俗之認識，及美國「自尊其主，於我無與」之了解，此亦是在中美
交涉中，顧盛將耆英致其之照會——文中美國較中國低兩格——退回，耆英
立即改正之故，〔註74〕其體察「夷情」，權宜變通之法亦由此可見。耆英對美
國政治「咪夷之主，則由國人擁立，四年一換」，所知極為有限。言美國文字
大都剽竊中國，則純屬臆度之詞。

　　1845 年，七月八日（道光廿五，六月初四）耆英致道光皇帝之奏稿，言
美國立國經過及形勢，則較為詳細：

米利堅本係極西一大洲，與中國晝夜相反，土曠人稀，明以前無知其
地者。弘治年間，有伊大理國人，名亞墨里哥者，始至其地，創造室
廬，漸成聚落，遂名其地為亞墨里哥，又名亞美利加，又名米利堅，
皆因番音相近，致稱名不無謤舛，泰昌年間，復有英咭利人數百，徙
往居之，遂名其他為新英吉利，萬曆年間有荷蘭國人，據其南方，名
新荷蘭，我朝順治年間復有哷蘭西人據其北方，名新哷蘭西，旋被英
咭利逐去二國之人，據其地為屬國，迨後生齒漸繁，開闢日廣，共有
廿六部落，乾隆年間，英咭利欲向加徵稅餉，民弗聽，英咭利徵愈急，
且脅以兵，土人怒，共立華盛頓為統領，和各部落為一國，名合省國，

〔註73〕《道光夷務》卷 73，頁 19-20。
〔註74〕見李定一，《中美早期外交史》，頁 150。

不受英咭利約束，英咭利討之，相持七八年不下，咈蘭西復出兵助之，英咭利不得志，乾隆四十九年，遂與平，聽其自爲一國，此咪利堅立國之大概情形也。其國北界與英咭利、鄂羅斯相近，南界墨息哥國，東界壓蘭的海（按：即大西洋 Atlantic sea），西界太平洋，民俗重農，喜工作，土產以棉花爲大宗，兼擅鹽鐵之利。洋布呢羽之類，所出頗多。又最重貿易，故來粵貨船，英咭利居什之七，咪利堅居什之三，與咈蘭西最稱和睦，與英咭利外相交而內相忌。其立國雖不過數十年，而地廣民勤，物產豐殖，故西洋諸夷與英咭利、咈蘭西並稱強大者，惟咪利堅爲較著，而咈蘭呂宋等，雖立國在前，轉不及該國近日之形勢也。〔註75〕

其所記，除言「北界與俄羅斯（俄國）相近」外，大致無誤。此奏稿雖在望廈條約簽訂之次年，但可知者，耆英對美國之認識，絕非始於此。早在中英鴉片戰事甫起時，林則徐、伊里布即有「聯美制英」之想法，耆英雖未必有假美方爲我有之心理，然對美國之建國經過、國家之強大，必有耳聞，故與美方交涉中，不得不揣度輕重，略小節而就大謀。就此而言，世人多責以耆英懵然外情，而簽署望廈條約，實爲不公允之詞，〔註76〕其非不識外情，乃由於其對美國有某種程度之認識，才會對美使請求進京一事，認爲是英美相互勾通以謀中國；再者，中英鴉片戰事甫了，滿清政府不願啓釁之由，美使以北上進京爲要挾，耆英祇得多方讓步，關於望廈條款，耆英亦非起初就完全接受，而是往返爭辯，四易其稿。〔註77〕其對國家主權，容或認識不足，然而處其之時代，能有此通權達變之策已屬難得。

第三節　美國與中國內亂——太平天國對美國的認識及態度

自望廈條約簽訂後，美國在華的商務貿易及傳教事業等各項活動，在平和狀態中逐漸展開，這種平靜無波的發展到 1850 年代，因震撼全中國的大動

〔註75〕《道光夷務》卷 74，頁 18-19。
〔註76〕見李抱宏，《中美外交關係》，頁 48。
〔註77〕《道光夷務》卷 72，頁 16。「斷難准行，而請求甚堅者共十款……奴才督率黃恩彤及各委員逐款指駁，不敢稍爲遷就，往復辯論，多者十餘次，少者亦五、六次」。

亂——太平天國的興起而有了變化。太平天國時期（1851-1864）美國政府與
滿清及太平天國王朝皆有接觸，而其外交政策則視中國內亂局勢及其在華利
益爲轉移。此一時期中美關係，實以太平天國動亂爲主線，延伸出中美之間
複雜的外交關係。關於美國與太平天國的關係，鄧元忠所著《美國人與太平
天國》一書〔註 78〕用力尤勤，對於當時美國人有關太平天國的記載及對太平
天國的認識，亦有詳細之闡述。本節之著眼點則在於透過美國政府與太平天
國數度之接觸，闡明太平天國對美國之態度及認識。

1851 年一月十一日（道光三十年十二月十日），太平軍在廣西全田村宣布
建國號太平天國，接著進入兩湖，沿長江東下，1853 年佔領南京，其聲勢如
暴風驟雨，使西方國家爲之震驚。大體上說，西方傳教士、商人和政府官員
最初都對太平軍的發展抱著殷切的期望，〔註 79〕特別是在華傳教士尤其興
奮，認爲太平軍所揭櫫的上帝會，有助於基督教在中國的傳播事業。他們認
爲太平天國既被認爲信奉基督，而基督教與自由貿易和國際平等觀念不容分
割；那麼太平天國必然會改變中國的傳統，而採取自由貿易與外國通商的政
策。〔註 80〕1853 年，美國與英國的書報中對太平軍的一般評論爲：「太平運動
乃是羅馬君士坦丁大帝遷都拜占庭，標舉聖教旗幟後的最重大事件，而其對
亞洲的影響，又遠超過當時的羅馬帝國」。〔註 81〕

1852 年，八月美國總統菲爾摩（Millard Fillmore）派遣馬沙利（Humphrey
Marshall）出任使華外交委員（等於公使）。1853 年一月廿五日，馬氏曾向廣
州當局正式通告他已抵華，卻未見到兩廣總督，以致無法呈遞國書。滿清當
局的冷漠態度激怒馬氏，在二月七日給國務院報告中，稱將盡其所能來改變
中國排外態度。〔註 82〕報告寫後不久，即收到上海副領事的報告，謂太平天

〔註 78〕 Teng Yuan-Chung , Americans and the Taiping Tien Kuo: A Case Study of Cultural
　　　　 Confrontation . (Ph. D. Thesis , Washindon , D. C. 1961)。中文版《美國人與太
　　　　 平天國》（台北：華欣文化事業中心，1983 年）。
〔註 79〕 參考茅家琦，《太平天國對外關係史》，（上海：上海人民出版社，1984），頁
　　　　 14-23。關於太平天國與西方列強之關係，另可參考：Teng , S. Y. , *The Taiping*
　　　　 Rebellion and the Western Powers. A Comprehensive Survey.（Oxford University. ,
　　　　 1971）。
〔註 80〕 參考鄧元忠，《美國人與太平天國》，頁 18。
〔註 81〕 "Marshall to Marcy September 21, 1853", Jules Davids ed. *American Diplomatic*
　　　　 and Public Papers, Series 1: *The Treaty System and the Taiping Rebellion,*
　　　　 1842-1860. Vol. 7. (Wilmington, Del.: Scholarly Resources Inc., 1973)
〔註 82〕 "Marshall to Secretary of State ,February , 7, 1853" , *The Treaty System and the*

國將輕取南京，馬沙利立刻決定前往上海。三月八日，寫給國務卿的另一份報告中，提出他北上的三個理由：就近觀察太平天國，照應美國人在太平軍占領區的資產、及可依照條約規定向兩江總督呈遞國書。〔註 83〕他於三月廿一日乘色士奎哈那（Susquehanna）號兵艦離開澳門，二十七日到達上海。隨行的有伯駕醫生（Peter Parker），後來伯駕回廣州，由克博松牧師（Rev. M.C. Culbertson）任馬沙利的中文翻譯。四月二日，馬沙利乘色士奎哈那號兵艦去南京，計劃訪問太平天國領袖。不料兵艦由吳淞口進入長江航行三十英里就遇礁擱淺。馬沙利被迫回到上海。〔註 84〕

　　馬沙利最初對太平天國勝利的反應，與許多在華和在美的美國人相同。潘利（M.C. Perry）海軍司令於五月間在上海住兩星期後，認爲太平天國的信仰與美國的摩門教相似，並盛讚太平天國是一個有組織的革命軍，勇敢地爲自由文明的宗教信仰與政治地位而戰。〔註 85〕

　　隨著戰爭情勢的演變，馬沙利對太平天國的態度逐漸改變。五月，太平軍向南京以北和以西兩方向發動攻勢，而在東面沿瓜州和鎮江建立一防守線。長江下游軍事活動的減少，使得馬沙利注意到中國其他地方所爆發的新動亂。在廣東省，秘密社會發動新的叛亂，五月十八日，「小刀會」佔據廈門。在聽到中國新增勤亂的新聞後，馬沙利預言，在中國將「重演法國大革命時期中最壞的景象，或導致羅馬帝國崩潰的事變」。〔註 86〕其次，英國駐香港總督文翰（George Boham）四月廿二日，曾離滬作南京之行。返回後，馬沙利即刻往訪，希望聞知此行之所得。文翰稱太平軍首領是一位狂人、僞君子，自認是耶穌弟弟，頒行舊約中的「十誡」，而在第七條中加了「禁食鴉片」字樣。〔註 87〕五月底，馬氏才得知文翰南京之行所遭遇太平天國傲慢的態度。由太平天國之「諭文」可知其唯我獨尊、深閉固拒似更甚於滿清政府。該諭文係於四月廿八日送到英艦「黑梅斯號」，文曰：

　　　　Taiping Rebellion, 1842-1860. Vol. 7.
〔註 83〕 "Marshall to Secretary of State ,February , 7, 1853" , *The Treaty System and the Taiping Rebellion, 1842-1860*. Vol. 7.
〔註 84〕 參考茅家琦，《太平天國對外關係史》，頁 53。「色士奎哈那號載重三五百噸，據很多了解長江水性的航務人士說，以如此大型的船隻駛入長江，將是徒勞無功的事。」
〔註 85〕 "Marshall to Secretary of State , May , 30, 1853" , *The Treaty System and the Taiping Rebellion, 1842-1860*. Vol. 7.
〔註 86〕 *The Treaty System and the Taiping Rebellion, 1842-1860*. Vol. 7.
〔註 87〕 鄧元忠，《美國人與太平天國》，頁 43。

爲通曉禮制令仰遠方兄弟知照事：天父皇上帝遣吾主臨凡，即爲天
下萬國眞主，天下臣民有願來朝者，對於禮制必須嚴格遵守，彼等
必須具文奏明，自爲何人，所操何業，來自何處，先行具奏，始准
朝見。〔註88〕

因此，馬沙利重新估量了美國在華利益，基於太平天國的拒外精神，他認爲
太平天國的成功，對美國的利益不會有所增改；他也沖淡了許多美國人對太
平天國的憧憬。認爲太平軍敬神有祭祀之禮，允許多妻制，和對他們自己宗
教的狂信至多不過如回教徒一樣，他嘲笑基督徒對太平天國的熱誠，是對太
平宗教的本質完全茫然不知。〔註89〕

有此對太平天國不同的構想，馬沙利的行動轉爲謹愼，惟恐將美國人牽連
到中國內亂中。他到上海的目的之一是設法呈遞國書，所以他開始積極地與兩
江總督連絡。七月四日，馬沙利與怡良會晤於崑山。據怡良向清政府的奏報：

據該酋（按：指馬沙利）照會，請定地定日，以便見面前來。奴才
當即照覆去後，並令該道（按：指蘇松太道吳健彰）差人知會該酋。
隨於廿八日（七月四日），由該道帶出該酋在崑山城內公所見面，所
呈夷字國書一件，另議出漢文一件，均係固封親自交收，約一時之
久而退，言詞禮節均尚恭順……伏思該酋呈遞國書，原與從前奏定
章程相符，在該國新換公使來駐中華，欲將姓名上達天聽，仍求和
好，照常貿易，亦無足輕重之事……。〔註90〕

這份奏報雖是官樣文章，無具體內容，但是在太平軍和清軍戰爭緊張之際，馬
沙利承認和清政府「仍求和好，照常貿易」，實際上是支持清王朝的一項行動。

馬沙利給國務卿的秘密報告中，主張修改以前的中立政策，而已「安撫
和提昇」滿清政府的方式來干預中國的內戰。〔註91〕一位外國商人，稱此次
會晤使馬沙利對太平天國產生偏見，恐是實情，崑山之行五天後，馬氏即改
變了他以往對太平天國的態度。〔註92〕

再者，馬沙利以對英俄兩國的野心表示疑懼，另從政治的觀點去估量中
國局勢的發展，他認爲英國想呑併長江流域。五月卅日，他給國務卿的報告

〔註88〕簡又文，《太平天國典制通考》中冊，（香港：猛進書屋 1958），頁 794-795。
〔註89〕鄧元忠，《美國人與太平天國》，頁 44。
〔註90〕《咸豐夷務》，卷 6，頁 24-26。
〔註91〕參考鄧元忠，《美國人與太平天國》，頁 49。
〔註92〕參考鄧元忠，《美國人與太平天國》，頁 48。

稱：「我認爲英國人想從南京的新皇帝處，獲得在長江沿岸開放一商埠，使英國有航行長江的權利」，然後擴張他的印度帝國到中國長江流域。〔註93〕同時謠傳清廷已向俄國求援以平定太平軍，馬沙利再報告美政府：「俄國的援助，最後大約是中國淪爲俄國的保護國，使俄國的疆界到達黃河或長江口，或者於適當時機由英俄兩國瓜分中國……我深以爲美國應不顧任何犧牲以阻止俄國在太平洋領土的擴張，設法遏止俄國直接干涉中國內政」。〔註94〕因此，馬沙利認爲美國在華的最大利益是支持滿清政府，勿使中國變成混亂狀態而成爲歐洲各國的侵略對象。

然而，此建議未被美國政府採納，因在此建議未寫成之前，美政府已擬定一個對付太平天國的政策。六月初英國政府曾向美國建議，兩國應採一致行動，在中國動亂中，共謀如何開闢英美國家在中國的商機。比爾士總統（Franklin Pierce 1853-57，民主黨）已接納此政策。這是美國政府第一次採取的對太平天國的政策，其給馬沙利的訓令指明有關推行此一原則：「英國的建議已得總統之同意，你必須在你的權限內，儘力促成此議之實現，但需遵守中美條約中之規定，對中國內戰，我們採取不干預政策」。〔註95〕馬沙利收到此訓令時亦收到美國寄來的報紙，稱總統已任命他人繼承其駐華公使之責，他以很勉強的口氣回答此訓令說：「已奉悉嚴格執行條約義務，和絕對遵守不干預原則」。但是，他仍堅持他對太平天國的態度。認爲「縱使中國驅逐了當今皇帝，而結束其朝廷，在我們有生之年，將不會看到它的安寧」。〔註96〕特別是在上海小刀會劉麗川佔領之後（1853年九月七日），他支持滿清，主張恢復滿清政府在海關的主權，但未成功，不久便離開了上海。〔註97〕

馬沙利對太平天國在1853年，三月、五月和七月所顯示出的三種不同態度，正指出他從對清廷的失望和對太平天國的寄望，而主張直接干涉中國內爭，以保護和推進美國在華利益的意旨轉向。而實際上，一直到1854年三月十三日離華爲止，馬沙利並未與太平軍的首領會面，〔註98〕其對太平軍領袖

〔註93〕 "Marshall to Secretary of State , May , 30, 1853" , *The Treaty System and the Taiping Rebellion, 1842-1860*. Vol. 7.

〔註94〕 "Marshall to Secretary of State , July 10 , 1853 , *The Treaty System and the Taiping Rebellion, 1842-1860*. Vol. 7.

〔註95〕 轉引自鄧元忠，《美國人與太平天國》，頁50。

〔註96〕 轉引自鄧元忠，《美國人與太平天國》，頁51。

〔註97〕 見李定一，《中美早期外交史》，頁244-246。

〔註98〕 上海小刀會首領劉麗川曾至美國領事館見馬沙利。詳見鄧元忠，《美國人與太

的認識主要係來自英使文翰南京之行的觀感。而中國戰爭局勢的演變、英俄
瓜分中國的野心，使他重新估計了美國在華的最大利益——「安撫和提昇」
中國到英俄不能瓜分中國的程度。〔註99〕即美國的「最大利益」是維護中國
領土完整與主權獨立，此成為以後美國對華政策的最高原則。

新任民主黨總統皮爾士（1853年三月就職）於1853年十月十八日另派麥
蓮（Robert Mclane）為使華外交委員。麥蓮來華的主要任務是修改條約問題，
另一方面亦賦予他極大的裁量權以處理中國內亂中的局勢；如果中國分裂為
許多政府，麥蓮可以代表美國與每一個政府建立外交關係，並與之訂立妥恰
的條約，對中國內亂，決不支持任何一方，遵守極嚴格的中立態度。〔註100〕
這顯然與馬沙利的政策不同。麥蓮初到中國（1854年三月抵華）時，確是秉
承美國政府的意向，對中國內亂嚴守中立政策。但在五月南京一行，對太平
軍的實際觀察後，態度已有轉變。

麥蓮一到上海，即開始改變他原來的態度，首先，他看到美國在上海的
商業利益所受到戰爭帶來的災害。在寧波和福州作了一次巡遊之後，他仔細
考量了英、法兩公使在1853年南京之遊的經驗，認為太平領袖們深閉固拒的
態度實在是阻礙順利交往的關鍵。由於這時他對太平天國的實力和其對外國
的真正態度仍不清楚，故決定親自作一趟南京之行。〔註101〕

五月廿一日，麥蓮乘色士奎哈那號軍艦字吳淞泊地起程。二十五日，到
達鎮江。鎮江岸上太平天國守軍發出砲彈一顆，給入侵者以警告。麥蓮即遣
杜耳中尉（Lt. Duer），使館工作人員卡爾（Lewis Carr）在高理文、克博松兩
位牧師陪同下登岸，並攜有一封給鎮江區太平軍指揮官的一份照會，表明此
行之目的，同時要求解釋開砲的原因。〔註102〕太平軍殿左五檢點吳如孝就美
使照會回覆艦長布嘉南（F. Buchanan）：

> ……因我中原殘妖未盡，所以江船來往，不得不警飭軍機，適者貴
> 國突然來船二隻，卻未預開於本檢點，此我軍士放炮之由可爲鑒原。
> 至蒙遣貴介四人投入華翰一帙，閱知貴軍門欲請引導上天京。因知

平天國》，頁52。
〔註99〕"Marshall to Secretary of State , July 10 , 1853 , *The Treaty System and the Taiping Rebellion, 1842-1860.* Vol. 7.
〔註100〕茅家琦，《太平天國對外關係史》，頁72-74。
〔註101〕鄧元忠，《美國人與太平天國》，頁63。
〔註102〕茅家琦，《太平天國對外關係史》，頁76。

所來友好誠意，但我左輔正軍師東王有令，凡有鄰封事宜量略，不論水路前來，准止邊關傳奏，候旨宣奪等因。爲此，本檢點敢請貴軍門有何國事會議，乞先示知，可將寶舟權泊江濱，本檢點代爲先奏，候我主旨下定奪可也。〔註103〕

麥蓮接到杜耳、卡爾的口頭報告後，感到很不滿意，迫不及待地以布嘉南的名義，寫了一封盛氣凌人的信給吳如孝，他宣稱次日即將駛赴南京，並稱回程時對鎮江砲壘侮辱美國國旗一事將採取報復行動。〔註104〕這封信剛要送出，吳如孝的復照送來了。吳如孝令麥蓮，遵照太平天國的法令，留在鎮江，等待東王指示。可是，麥蓮竟置吳如孝的通知於不顧，悍然於次日，即二十六日開航而上。

色士奎哈那號接近瓜洲時，由太平軍一官員持殿左玖檢點周某簽署的一封公文，來詢問美船航行意圖。公文稱：

爾等船隻入我聖境，當即飭令兵士暫停開砲，恐此彼傷和。但船隻泊在大江，意欲何爲，未據稟報，今著水師官員前來詢問，如有情勢，即行稟報可也。〔註105〕

麥蓮不理睬周某的詢問，五月廿七日一早色士奎哈那就開航了，當日到達天京城外江面停泊。杜耳少校等立即持布嘉南致太平天國的照會上岸。照會內容主要係稱美國公使渴望拜見太平天國的丞相元帥，並致友好之意。〔註106〕

太平天國地官又正丞相羅苾芬和地官又副丞相劉承芳，收到此照會後，於五月卅日給布嘉南一封復照。復照首先告訴布嘉南：你的來信「擅用照會」，「大不合理」應「跪具稟奏」，拒絕轉呈東王。復照說：

照得天父天兄作主，親命我主天王降凡爲天下太平眞主，復差列王輔佐朝綱，匡勷盛治，現已建都天京，皆是天父天兄作主，正是萬國來朝之候，四海向化之時。今接爾布嘉南來文，據稱欲謁見東王金顏，但本大臣閱爾文內擅用照會東王等語，實屬大不合理。蓋我東王九千歲恭奉天命，降凡爲我朝之輔佐，乃理萬國之生靈。爾等身居海宇，同沾恩德，自當跪具稟奏，方合投誠之道理，以見來朝

〔註103〕《中美關係史料》咸豐朝，頁161。
〔註104〕朱士嘉，《十九世紀美國侵華檔案史料選輯》（北京：中華書局，1959），頁177。
〔註105〕轉引茅家琦，《太平天國對外關係史》，頁79。
〔註106〕《中美關係史料》咸豐朝，頁161。

之忠忱，是以本大臣閱此照會，未呈東王金閱，惟恐觸怒金顏，負罪匪輕，茲姑念爾等居於海宇，未知我天朝之禮制，猶可寬恕，伺候務須遵照制度，虔具稟奏為是。

接著，復照要求布嘉南「進貢來朝」：

至爾等蒙天父天兄開恩，化醒心腸，來朝真主，得近天京，皆天父天兄開恩所得，又是爾等之福也。然輸誠者必須備辦奇珍寶物，來享天王，以表爾等識天之心。蓋我天父上主皇上帝獨一真神，天下萬國人之天父，天兄救世主耶穌是天下萬國人之長兄，我主天王為天下萬國皆當敬天從主，知所依靠者也。然特恐爾等不識天情，以為有彼國此國之分，而不知真道之無二也。為此特行札諭爾等，果能敬天識主，我天朝視天下為一家，合萬國為一體，自必念爾等之惘忱，准爾年年進貢，歲歲來朝，方得為天國之居民，永沐天朝之恩澤，安居疆土，坐享榮光，本大臣有厚望焉。〔註107〕

布嘉南收到這封復照認為「來文中所用語句正是曚昧，殊令本軍門詫異，況並未將本國欽差大臣在船之事提及，即其餘言語，亦皆盡非友誼之意，並無尊重我國之辭」。太平天國傲慢之言辭，致使麥蓮欲與之交往意向完全摧毀。五月三十一日，色士奎哈那號離開南京溯江西上。離去之前，布嘉南送給太平天國，數年前高理文用中文寫的《美理哥合省國志略》，其目的是希望太平天國認識美國，勿以藩屬視之。〔註108〕

色士奎哈那號一直航行到蕪湖，軍艦上的美國官員並在天京、蕪湖等地蒐集有關太平天國的資料，包括其軍事狀況、政府體制、宗教信仰、對外人的態度等。〔註109〕麥蓮一行於六月四日返抵上海。六月十四日，寄給國務院一份「訪問太平天國的報告」。此報告的重點有三。其一，認為太平軍「既不信奉也不了解基督教」。其二，認為太平軍完全能夠打敗清王朝。其三，認為不可能從太平天國得到任何好處。在此情況之下美國政府對中國動亂將採取什麼態度？即暫時保持「中立」，觀察形勢發展，利用清廷面臨的困境，強迫清廷讓出更多的權

〔註107〕《中美關係史料》咸豐朝，頁163。
〔註108〕《中美關係史料》咸豐朝，頁164。「在我國國家向來與別國交往，從無納貢，即使縱有自大之國，我合眾國亦總未有尊之為上者也」。
〔註109〕〈色士奎哈那號南京蕪湖航行記〉英文原載 Jules Davids ed. , *American Diplomatic and Public Papers : The United States and China* , Series 1 , Vol. 7 , Doc. No. 24。

益，造成既成事實；總之不管將來中國內戰的結局如何，美國均能得利。〔註110〕

　　1854年月，麥蓮於訪問「天京」之後會晤怡良，提出修約要求並寄望清廷能派親差大臣與之會商，並告以「如蒙准奏，自當襄助中華，削平反側，否則奏明本國，自行設法辦理。有不盡之處，咎在華官」。〔註111〕則純是一味恫嚇之詞，並不時利用將轉而與太平軍談判的姿態，以要挾清吏，使清廷能對修約或其他有關問題讓步。

　　麥蓮採取強硬態度與清廷交涉以增進美國在華利益，此是對太平天國失望後的結果。在政治方面，此一態度促成美英法公使的聯繫，以合力謀求向清政府修改條約。在商業和傳教方面，此新態度所帶來的轉變較少，商人基於貿易的實際利益，傳教士基於中國基督教化的熱望，仍然與太平天國有密切的交往。〔註112〕

　　麥蓮對太平天國態度的改變，與馬沙利的改變如出一轍，兩人皆認為太平天國的驕矜不比滿清為好，太平天國之成功對西方亦非有利。自麥蓮之後，美國政府對中國內亂的政策，大體即是馬沙利——麥蓮政策。

　　在太平天國的領導階層而言，其對外人之態度，可由上述之「論文」可知，其對西方各國有認識者，絕無僅有，大概祇有洪仁玕一人。在〈資政新編〉中，他建議了一套包括採納西方制度的政治計劃。他批評閉關政策說：「何必拘泥不與人交接乎？是淺量者之所為也！」，他建議「凡外國人技藝精巧，國法宏深，宜先許其通商，但不得擅入旱地，恐百姓罕見，致生別事，惟許牧師等並教技藝之人入內教導我民」。他堅持平等對待外國人，「凡於往來語言文書，可稱照會交好、通和、親愛等意，其餘萬方來朝，四夷賓服，乃夷狄戎蠻鬼子一切輕污之字，皆不必說也」。〔註113〕他對美國的認識是：

　　　　花旗邦及米利堅，禮義富足，以其為最。其力雖強而不侵凌鄰邦，有金銀山而招別邦人來採，別邦人有能者冊立為官，是其義也。邦長五年一任，限以俸祿，任滿則養尊處優，各省再舉。有事各省總目目議，呈明決斷，取士、立官、補缺及議大事則限月日買一大櫃在中廷，令凡言民有仁智者，寫票公舉，置於櫃內，以多人舉者為

〔註110〕麥蓮，《訪問太平天國的報告》英文原載 *American Diplomatic and Public Papers : The United States and China*, Series 1, Vol. 5, Doc. No. 24。

〔註111〕《咸豐夷務》，卷8，頁20。

〔註112〕可參考，鄧元忠，《美國人與太平天國》，頁77-89。

〔註113〕轉引自鄧元忠，《美國人與太平天國》，頁97。

賢能也，以多議是者爲公也。其幫之跛盲聾啞鰥寡孤獨，各有書院
教習各技，更有鰥寡孤獨之親友，甘心爭爲善事者，愿當衆立約保
養，國中無有乞丏之民，此其禮義，其富足也。〔註114〕

稱美國禮義富足爲西洋國家之冠。可見洪仁玕本人對美國頗有好感。這種態度
在 1861 年英美人士訪問天京，太平軍表示友善的態度與在此之前的拒外態度完
全兩樣可見，〔註115〕可惜西方政府於 1861 年以前，即已採取對天朝敵意的態
度，所以洪仁玕的開明外交，對於當時太平天國的對外關係並未改善多少。

第四節　中美修約交涉下官方的態度及再認識

1844 年的中美望廈條約有十二年修約之議，中英虎門條約准許英人「利
益均沾」，1854 年英國即派駐華公使向清廷提出修約之要求。法、美亦希望清
廷能開放港口、國交平等、公使入京及自由傳教等。修約遂成爲英、法、美
共同之要求。英法並於 1856 年武力脅迫清廷以達成修約之目的；美國政府於
修約過程中，始終堅持和平政策，儘管中美之間有局部之糾紛，但在虎視眈
眈的列強中，清廷對美國的態度較爲友善，並有「以夷制夷」的想法。本節
所重在於中美天津條約、北京換約交涉下，清廷對美國的再認識。

上節所述麥蓮向怡良提出修約之要求，並以助剿太平軍爲脅制手段。而
美國政府對麥蓮的武力政策並不贊同。〔註116〕麥蓮於 1854 年十二月離華，
其職務由伯駕（Peter Parker）代辦。〔註117〕1855 年春麥蓮正式辭去使華委

〔註114〕《西方及列強認識》，第一輯，第二分冊，頁 1199。
〔註115〕1854 年以後，太平軍遭湘軍之挫敗，聲勢不斷衰減。直到 1860 年，陳玉成、
　　　　李秀成，洪仁玕共同努力之下，國勢重振。洪仁玕對外之態度，一部份亦因
　　　　軍事上的需求——贏得西方的支持，或至少使他們中立。1861 年美國海軍上
　　　　將司百齡（C. K. Stribling）到達天京，並向太平天國取得航行長江的權利。
　　　　參考鄧元忠，《美國人與太平天國》，頁 97-118。
〔註116〕美國國務卿馬爾西（William H. Marcy）奉總統之令，訓令麥蓮稱：「總統對
　　　　於你自稱的侵略攻策——即聯合英、法海軍以威脅中國而達到修改條約，藉
　　　　以獲得更大的商業權益而不惜使用武力的政策，表示非常嚴重的反對」。轉引
　　　　見李定一，《中美早期外交史》，頁 281。
〔註117〕伯駕，1831 年畢業於耶魯大學神學院，再赴費城（Philadelphia）大學攻醫學，
　　　　三年後即派到中國從事醫學傳教士（Medical Missionary），伯駕到中國後，
　　　　即在粵設立眼科醫院，甚得中國人之好感。1844 年任顧盛譯員之一，次年即
　　　　正式被任爲新成立的美國駐華使館的秘書兼譯員。從此以後，每逢美國使華
　　　　外交委員虛懸時，彼即爲代辦。

員之職後，伯駕亦以健康不佳爲由休假返美。伯駕返美之後，即周旋於華盛頓政要之間，其個人對中國事物之熟悉爲各政要所賞識，九月間，遂派之爲使華外交委員。

　　美國政府雖不贊成與英法合作以壓迫清廷修約一事，但卻對修改中美望廈條約抱持很大希望，故賦予伯駕以談判的全權。伯駕於 1855 年十二月抵達香港，旋即通知兩廣總督葉名琛，要求會晤，轉交國書。國書內容謂十二年修約之期已到，欲赴天津交涉，並希望此次修約，另定一款載名公使入京。〔註118〕葉名琛仍然採取一貫態度，拒絕會晤，拒收國書。伯駕知在粵無法有結果，遂聲言北上。1856 年二月三日美國代理上海副領事飛琪（M.W.Fish）以伯駕致江蘇巡撫吉爾杭阿的照會一件，送上海道藍蔚雯，「內稱該酋（伯駕）接辦該國公使事務，現已到粵，待該國火輪兵船到來，即可赴上海將條約重新酌議」。〔註119〕同時上海關英國稅務司李泰國（H.N.Lay）向滬道稱：「各國條約章程必求改更，否則恐致出事。廣東葉總督絕之已甚，各國公使萬不肯再向關說」，對於此事，怡良奏稱：

> 咸豐四年冬（1854），各該國公使由天津折回，道經上海，本有且至六年再來定議之說。今米夷首先發端，英夷又假司稅之口代爲傳述，其詞雖似恭順，其意則存挾制，情殊叵測，現在江蘇軍務未平，相應請旨敕下兩廣督臣葉名琛設法羈縻，勿令驟然北來，以致多所掣肘。
> 〔註120〕

清廷於得悉怡良的奏報後，即諭令葉名琛體察民情，妥爲駕馭。「如該夷所欲更改之事，實止細故，不妨酌量奏聞，稍事通變。如仍以前年之妄事要求，即行正言拒絕，務宜恩威並用，絕其北駛之念，勿峻拒不見轉致該夷有所藉口」。〔註121〕可見清廷對於美、英同時修約之要求，認爲情殊叵測，故其處理亦極爲謹愼。命令葉名琛接會各國公使，對修約者限於「細故」，已是變通之法了。

　　葉名琛接到諭旨後，另寫了一份奏槁，提出伯駕與「匪首密切往來」（指太平軍），並慫恿英法兩國北上：

〔註118〕《中美關係史料》咸豐朝，頁 201。
〔註119〕《咸豐夷務》，卷 13，頁 28。
〔註120〕《咸豐夷務》，卷 13，頁 29。
〔註121〕《咸豐夷務》，卷 13，頁 29。

英米佛各國夷酋前赴天津，意欲重定條約，特派大員飭令回粵。迨
各夷酋回粵後，現經一載有餘，並無他說，惟米國公使麥蓮回國，
上年冬間更換伯駕來粵。該酋本係米國醫生，前在粵已有二十年，
素稱狡黠。咸豐四年（1854），粵匪倡亂時，該酋與各匪首密切往來，
並與各夷揚言粵匪必能成事。迨至官兵將各匪一律盪平，該酋頗覺
無顏，即於上年夏間自行回國。詎竟麥蓮因病回國，後該國主因彼
在粵年久，復遣其來粵接辦公使事務，伯酋終心懷忿忿，必欲別出
己見，掩人恥笑。〔註122〕

關於伯駕與太平軍之往來，葉名琛所奏，確屬事實，〔註123〕而伯駕卻曾與英法
兩國使節會商，聯合艦隊北上示威，以達到修約目的。〔註124〕葉名琛又言：

以前英米佛赴津要求修約，皆英酋包令為之唆使，此次復生異議，
似又米酋伯駕遇事生風，現伯駕既前有赴天津之議，現已力為阻止，
其英佛兩國尚無此說，惟伯駕生性多詭詐，誠恐又煽惑包令、顧思
（按：英、法使臣）復同北上。〔註125〕

他並建言「嗣後該酋無論行抵各省，如有懇請代為陳奏之件，總令其回粵，
聽候查辦」。〔註126〕

伯駕於1856年七月乘軍艦北上，途經福州。十二月函閩浙總督王懿德，
要求訂期會晤。十五日與總督會面，提出修約要求，並陳遞國書，交由王懿
德。王懿德根據「望廈條約」第三十一條的規定，將國書收下，允代轉呈。
朝廷於得悉王懿德報告後，申斥不當接收國書允口頭代呈，〔註127〕蓋朝廷對
葉名琛所稱：「嗣後無論該夷行抵何省，如有懇請代為陳奏之件，總令其回粵，
聽候查辦」的建議，已完全採納了。

伯駕於八月一日到上海之後，會晤蘇松太道藍蔚雯，請代稟兩江總督，奏
請特派欽差到浙江談判，彼願在此等候。伯駕堅稱不到廣東會議，「如派欽差到
廣東會議，非但大亞美理駕合眾國斷不肯前去，即該欽差亦不願意」，〔註128〕

〔註122〕《咸豐夷務》，卷13，頁10-11。
〔註123〕鄧元忠，《美國人與太平天國》，頁86-87。
〔註124〕伯駕致國書未果後，即與英、法兩國使節會晤，主張三國聯合採取強硬態度。
　　　　時英國因克里米亞戰爭未結束，對華外交自然謹慎。《中美早期外交史》，頁291。
〔註125〕《咸豐夷務》，卷13，頁12。
〔註126〕《咸豐夷務》，卷13，頁13。
〔註127〕《中美關係史料》咸豐朝，頁217；《咸豐夷務》，卷13，頁16-17。
〔註128〕《中美關係史料》咸豐朝，頁229。

怡良的答覆是「向來通商事件，俱係英美法三國公使公同會議，英法二國公使俱在廣東，而美國伯大臣前來上海，設英法二國已在廣東別有成議，而本部堂又爲奏請欽差大臣，則事出兩歧」。因此要伯駕提出北上之原因。〔註129〕

怡良對於伯駕的印象，非常惡劣，甚至認爲伯駕執意北上，乃在貪圖私相貿易，藉以銷售違禁物品。〔註130〕故清廷再諭直督桂良：「該夷（伯駕）欲赴天津，藉口要求，實爲銷售違禁物品起見。設蘇省不能阻止，竟行北駛，著桂良飭令地方文武，嚴密防範，毋令沿海居民及商漁船等與該酋交接，私銷貨物；該夷等無利可牟，或可杜其北來之念」。〔註131〕又諭山東巡撫崇恩「夷情貪利，設有奸民與之潛通貿易，該夷必至視爲利藪，借端往來，其患不可勝言；使之無利可圖，自必廢然而返」。〔註132〕

伯駕在滬滯留時日，北方港口即將封凍，加以英法拒絕聯合以海軍北上示威，美國以軍艦北上，聲勢孤單，未必能收到預期的效果，故於十一月離滬到香港。

伯駕初奉使華之命時，雄心萬丈。美國朝野亦對之抱有極大期望，認爲彼以二十年留華之經驗，必能有所作爲。不意使華一年，一無所成，僅僅引起中國政府對他個人及美國之惡感：認爲英國尙未提出修約之時，「不應米酋先出講話」。〔註133〕雖然美國政府對於伯駕個人之強硬態度並不贊同，然而伯駕個人狡執、脅制之態度，實影響國人素來對美國友善之觀感。而伯駕未能達成修約目的，欲挽回個人顏面，故而提出佔領台灣之計，〔註134〕但未能贏得美國政府的支持而作罷。1857 年三月繆坎南（James Buchanan）就職總統後，即撤回伯駕，另任列威廉（William B. Reed）爲首任使華全權公使（Minister Plenipotentiary）。

列威廉於 1857 年四月受命爲使華全權公使，國務卿給他對華政策的訓令：應使中國政府充分瞭解美國之目的僅在擴張貿易機會，決無領土野心及干涉中國內政之企圖，並申明美國絕不參加英、法聯合以武力與中國訂立條

〔註129〕《中美關係史料》咸豐朝，頁 230。
〔註130〕《咸豐夷務》，卷 13，頁 30。
〔註131〕《咸豐夷務》，卷 13，頁 30。
〔註132〕《咸豐夷務》，卷 13，頁 32。
〔註133〕《咸豐夷務》，卷 13，頁 30。
〔註134〕 可參考李定一，《中美早期外交史》，頁 293-314。黃嘉謨，《美國與台灣》（中央研究院近代史研究所，1966），頁 143-154。

約，美國將單獨與中國訂約；倘若中國與英法發生戰爭時，美使可運用其中立地位從中調節，使戰爭早日結束。〔註135〕

列威廉到中國後，即照會粵督葉名琛，要求會晤，葉名琛的態度已較緩和，聲稱由於公使接見處——仁信棧房遭英人燒燬，故「本大臣雖有相見之心，實無相見之地」。對於修約之事，認爲「前所立合約，悉臻妥善」，無須再有變通之處。〔註136〕同時，葉名琛即以五千餘字的長疏，奏報朝廷，分析當時英、法、美三國形勢，此疏於1858年元月十七日送到北京時，葉名琛已被英軍所俘。提到美國時，他說：

> 該國備知上年英夷滋事，實由伯駕之暗助唆使，先已撤回，此次列威廉在國，即公同議定，照常通商，毋得另生枝節。前於九月十九日到粵後，英夷恐其照會先行上省，多方阻撓，列酋不聽，遂於十月初八將照會由澳門同知轉送前來。旋於初九日照復，列酋接閱之下，甚爲欣感，即將照復之文，刊刻分送各國，並言可見我國與中國和好無嫌，粵省大憲如此相待，予以體面，較之從前接見者，尤有光榮，咪國各商民，無不歡呼載道。〔註137〕

又言：

> 英佛咪三國本皆世讎，各不相干，然每遇中國交涉事件，彼又復勾連一氣，以爲力合勢眾，皆可有挾而求。上年英夷滋事，惟咪國伯駕爲陰謀，始而尚不敢公然抗拒，迨至十一月初旬，竟在東路各礮臺接仗，大挫其鋒，迨該國聞知，皆謂外國與中國交鋒，各國舊例，不准干預，乃伯駕插入扛幫，實爲多事，是以將其撤回，此次咪國新公使咧酋來粵，緣該國與中國偶有此隙，恐生芥蒂，實與通商有礙。適本年六月中旬，咪商吐嗹治等，來至黃埔，懇求開艙貿易，當即允行，復於照覆咧酋文內，所有上年伯駕在此助虐犯順各情，並未一語提及，使之得以轉顏，咪國各酋以爲中國眞可謂大度包容，同聲感載。〔註138〕

葉名琛對伯駕來華修約所持之強硬態度與美國政府無涉，亦頗瞭解，因此，對列威廉之態度亦比伯駕爲佳。

〔註135〕　可參考李定一，《中美早期外交史》，頁321。
〔註136〕　《中美關係史料》咸豐朝，頁274。
〔註137〕　《咸豐夷務》，卷17，頁26。
〔註138〕　《咸豐夷務》，卷17，頁34。

葉名琛於 1858 年元月五日被英軍俘虜之後，清廷得報，立即派黃宗漢爲欽差大臣兼粵督，希望各國仍在粵交涉，當時俄國駐華外交代表普提雅廷（Euphimius Vasilivitch Poutiatin）亦到香港，於是四國使節決定北上至上海，先照會中國大學士裕誠，要求遣派欽差大臣到上海談判。美國的照會，首責中國違約數事，次則說明美國與英國「書同文，語同聲」，故每協力相助。對於法國派兵到中國，係因該國牧師無故被殺，稱法國皇帝有「君子仁人之心」。最後言及修約之事，措詞強烈，且有脅制之語。聲明「本大臣厚望中國與西域各國堅立和好之基，酌定條約，如果和約成立，中國四海，嗣後必無割削邊疆之虞」，言下之意，即清廷若不答應修約，即有兵臨城下，割土削地之事。但三月十八日大學士裕誠咨覆兩江總督，對美國此項照會，並無特別惡感，反謂「此次英佛犯順，其國並無干涉，實屬堅守前約，信義可感」。〔註 139〕

按列威廉自被葉名琛拒絕之後，甚爲激動，即報告國務院主張改變美國的和平政策；離粵北上前，又再度建議美國政府應改變對華政策，主張美國應以「強硬的言詞及有效的武力」達到修約目的。到上海後，他收到國務院的訓令，嚴誡其與英、法合作時必須衹限於和平方法方面，國務院認爲可與英法俄三國使節聯合北上，但不準備與中國交戰。〔註 140〕列威廉至此知美國政府擬採之和平政策甚爲篤定，而英人對彼亦過分冷淡，列威廉轉而與俄使親密，四個使節，遂表面分爲英法與美俄兩派。

中國對於四個使節分爲兩派之事，瞭然於心，頗思以美俄制英法，因此江督何桂清主張離間美俄與英法，使之「互相攜貳，漸行削弱」，〔註 141〕此建議即爲清廷對付四國使節赴天津聯合行動之原則。譚廷襄在大沽談判中，即屢次設法，使美俄能受中國籠絡，而從中向英、法轉寰，均告失效。譚廷襄深感「以夷制夷」的政策很難實行，他向清廷奏稱：「英法陽示其惡，美、俄陰濟其奸。強弱不同，其貪得無厭，則均歸一轍」，〔註 142〕又稱：「大抵俄酋陰爲主謀，英、法則持強要挾，美酋則兩相依附，詭計多端，合而圖我」，〔註 143〕由此觀之，譚廷襄對當時四國情勢，可謂相當了解，對美國「兩相依附」以謀取對華利益，亦分析詳確。

〔註 139〕《咸豐夷務》，卷 18，頁 26-29。
〔註 140〕 李定一，《中美早期外交史》，頁 329。
〔註 141〕《咸豐夷務》，卷 22，頁 7。
〔註 142〕《咸豐夷務》，卷 22，頁 7。
〔註 143〕《咸豐夷務》，卷 22，頁 20。

　　1858 年五月二十六日，聯軍抵天津，二十九日四國使節相繼到達，清廷一面調兵遣將，一面仍請美俄說合，以救燃眉之急。蓋當時清廷對譚廷襄的分析，仍未完全相信。廿七日俄使回答，拒絕說合。清廷乃對美使寄予厚望，故訓令桂良與花沙納：「美夷與英、法在海口通商，已閱多年，此次在津與譚廷襄等接見，尚無狂悖情形，桂良等若向其理論，或能勸英、法息事」。〔註 144〕詎料桂良到津後，發現事實大有出入，據其奏報：

　　詎該夷（按：列威廉）語言傲慢，借英夷為恐嚇，坐間將要求各款。

　　曉曉置辯。所開款日，亦較譚廷襄所議者加增過多，斷難望其向英佛

　　說合。此時俄夷聽英夷為轉移。俄米兩國，不過享漁人之利。〔註 145〕

美國「說合」希望落空之後，清廷和戰兩難，最後在萬不得已情況下，分別與英法美俄四國簽訂天津條約。

　　中美天津條約於六月十八日簽約，〔註 146〕值得注意的是，清廷並未因簽訂中、美天津條約而仇視美人，反而有欲藉美國調處日後中外糾紛。中美天津條約，第一條款規定：「若他國有何不公輕藐之事，一經照知，必須相助，從中善為調處，以示友誼關切。此款乃應桂良之請而列入者，蓋桂良有感於日後西方列強之侵凌，必日益加厲。美使雖與英法同向中國提出要求，然比較之下，態度仍較和緩，且從未與中國兵戈相向，故訂入此條，希望美國今後為中外糾紛之調人。

　　四國天津條約分別簽字後，關於稅則及美國要求賠償歷年美僑生命財產之損失等問題，天津談判中言明在上海解決。在大沽及天津談判時，列威廉提出賠償問題。就中國而言，認為美國商民所受損失，乃若干年之事，中國不能負責賠償，〔註 147〕因此，「中美天津條約」中，未有關於賠償之規定。但條約簽訂後一個星期（1858 年六月廿五日）美使再與桂良提出此事，雙方協議由中國賠償歷年美國僑民在華生命財產損失六十萬兩銀。由上海、福州、廣州等三口岸美國船舶進出口稅中扣出五分之一，由各該地美國領事將每年所扣得之款數報告美國駐華公使，由公使轉告美國政府，直到扣足應付之賠償額為止。

〔註 144〕《咸豐夷務》，卷 24，頁 20。
〔註 145〕《咸豐夷務》，卷 24，頁 33。
〔註 146〕中美天津條約，又稱中美和好條約，條款內容，詳見李定一，《中美早期外交史》，頁 338。
〔註 147〕《咸豐夷務》，卷 23，頁 12。

　　列威廉對此項方法，有所不滿：一則賠償扣足的時期可能拖延很久，再則美僑所提出賠償要求可能不盡實在。列威廉對於 1856 年英國攻打廣州時美僑所受損失，並不願支持美僑之賠償要求，認為依照國際法，「中國不過防守其國土而已」，「攻擊的一方，應付賠償之責」。〔註 148〕因此「上海談判」時，在提出與桂良商討，彼願將賠償數目減少為五十二萬五千元，但要求中國於下年度（1859）在上海、福州、廣州等三地美國船舶進出口應徵稅中，一次扣除此數。桂良主張減為五十萬兩銀，合 735,288 美元。中美兩國交涉十餘年的賠償問題，遂告解決。由此次之交涉，可看出美使不若英法俄等國一味索取中國財富資源，列威廉之自願要求減低賠償數，實有特別意義。

　　值得注意的是，美國政府對此項賠款的處置問題。1895 年美領事開始在澳門聽取要求賠償者的申述，發現許多要求賠償者的理由，都未必符合國際法的規定，並將此情形報告美國政府提交國會討論。最後國會僅賠償了 489,694.78 美元，尚餘二十餘萬美元存入銀行。對中國所付出的多餘賠款，衛三畏於 1860 年返美時，建議將該款用在中國創辦一所「美華學院」（American-Chinese College in China）用以教授中國學生西方知識；並招收美國學生，使之接受中國語文及中國知識訓練，以為今後駐華領事及外交官員或從事在華經商等人之用，但因國會反對，致未實現。另有人建議將此款用以修建美國駐華公使館及領事館，亦未予採納；隨後再有人建議將此款留作今後賠償美國僑民生命財產損失之用，美國政府認為今後美僑之損失，應由中國政府直接負責，豈可由美國政府代勞，故亦加否決。最後，1885 年，美國國會始通過議案，將此款退回中國，中國駐美公使鄭藻如於收到連本帶利的 453,400 美元後，特代表中國政府向美國政府表示感謝之意，〔註 149〕這件事情確使本已對美國有良好印象的中國朝野加深對美國友誼的程度。

　　1858 年在上海舉行的修改稅則談判，主角是英國。英國態度強硬，對於中國希望修改天津條約的四點，堅持不讓步。美國以本國與中國主要的爭執賠償問題已獲圓滿解決，故願居間作調人。列威廉曾告訴桂良等人：「中華有何需用美國之處，定當協力襄辦」，桂良等人據此亦以為「此時夷情較之天津大不相同」。〔註 150〕列威廉由於任務已完成，於 1858 年十二月到香港，獲得

〔註 148〕李定一，《中美早期外交史》，頁 353。

〔註 149〕李定一，《中美早期外交史》，頁 354。

〔註 150〕《咸豐夷務》，卷 32，頁 15。

國務院批准其辭職之請求,遂即離華。

在北京換約時,清廷對美國的態度,與天津條約時,並無二致,仍希望美使做調人。當時新任公使華若翰(John E. Ward)於 1859 年五月到香港,其任務爲交換中美批准之條約。〔註151〕清廷對於北京換約一事,確是十分勉強,祇因英、法堅持,在桂良等盡力阻止之無效之後,始允許之,故命桂良等人與換約使節同時到京,〔註152〕桂良等人對華若翰的印象頗佳,據稱:

> 米酋華若翰,臣等曾與會面,該酋人甚和平,亦通商量,前因換約
> 期促,臣等告以既經和好,無論何時換約,均與一年內無異,該酋
> 即無異言,本願即在上海換約,惟因英、法兩酋決意北行,彼亦必
> 隨同前往,臣等本擬托其勸留,奈伊雖不多事,而欲其從中勸阻,
> 其力又有不能。〔註153〕

清廷鑑於上年大沽輕易失陷,爲防患於未然,故於允許三國公使到京換約後,立即命令僧格林沁加強大沽防務,並知照英法兵船勿逕入大沽,使臣可由北塘上岸,可見清廷絕非要戰,一切已依英、法要求,不同之點,僅只要英法自大沽的北塘行走,不可通過大沽。孰料六月十七日,英海軍提督何伯(James Hope)率艦抵達大沽口外,發現海口爲木筏所阻,要求三日內開放,俾公使通過,前往天津。廿五日英、法軍開始進攻砲台,中國還擊,戰爭遂開。〔註154〕

六月廿五日(1859)戰端開後,英、法軍隊傷亡慘重,〔註155〕只得率艦南下上海,並堅邀美使與之共同行動,華若翰拒之,決定遵照中國規定,赴京換約。中英砲戰之時,美艦曾搶救何伯脫險,且有一美國人被俘,頗令中國猜疑,〔註156〕但恆福仍在七月八日與他會面於北塘,予以相當隆重的接待,說明大沽事件的曲直,絕非中國無誠意。〔註157〕十七日,恆福再引用「中美天津條約」

〔註151〕《中美天津條約》第三十條,規定「一年內」互換兩國元首批准之條約,即
　　　　1859 年六月十八日以前必須換約。
〔註152〕《咸豐夷務》,卷 35,頁 40。
〔註153〕《咸豐夷務》,卷 38,頁 15。
〔註154〕清廷無意起釁,見六月十九日上諭可知,文載《咸豐夷務》,卷 38,頁 23。
〔註155〕英艦五隻沈沒,六隻重傷,二隻被保,死傷五百餘人,何伯腿部受傷。此役
　　　　僧格林沁親自督戰,直隸提督史榮椿以下三十二人戰歿。見郭廷以,《近代中
　　　　國史綱》,(台北:南天書局),頁 142。
〔註156〕《咸豐夷務》,卷 41,頁 39-40。
〔註157〕《咸豐夷務》,卷 39,頁 17-18。

第一條，要求美國出面調解，希望英法能入京換約。〔註158〕二十八日，華若翰抵達北京，因不肯跪拜，國書由桂良接收，條約改在北塘互換，時爲八月十六日。英人對華若翰此行，深不謂然，誣說他在京受了侮辱虐待。〔註159〕此並非事實，如果英使亦照華若翰所行，可能不致有大沽事件。

八月廿三日，華若翰到上海，「寓居洋行，尚無動靜」，〔註160〕隨即「連日與英佛二酋密談」，〔註161〕英領即告清吏；「米酋入都，待如俘酋。又令回北塘換約，米酋因勢孤，不得不然」，〔註162〕因此何桂清認爲，華若翰之所以要求實行「中美天津條約」，依照新章開市，並立即開放潮州、臺灣兩地，乃「顯係英佛所唆使」，即「密談」之結果。〔註163〕同時，華若翰又要求與何桂清會晤，何允與之會於崑山，蓋疑其爲英法之說客。〔註164〕朝廷得報後，允立即實行「完納船鈔」一項，新開口岸之事，決俟英法換約後再實行。〔註165〕華若翰與何桂清接觸即赴日本，約定十月十日至二十日之間與何桂清再而商此事。根據何桂清的奏稿：

> 米酋華若翰之反覆其詞，雖爲英佛二夷所激，而狡譎無常，是其本性。現來照會，已存得步進步之心。其前往日本，僅因自知理虧，不能與我爭執。又畏英佛所訕誚，爲暫時避地之計，固可從緩置議。〔註166〕

可見華若翰初抵中國時，桂良對其評語甚佳，言「該酋人甚和平」，而此時因條約之交涉，何桂清對華若翰言其「狡譎無常」、「得步進步」，已是另一種不同的看法。

十一月三日，何桂清與華若翰會於崑山，中國答應所請三事：

一、將米國互換條約及先照新章徵船隻噸鈔，開潮、臺等口事，通行沿海各國遵照。

二、照新章，即日定期徵完船隻噸鈔。

〔註158〕《咸豐夷務》，卷40，頁5-6。
〔註159〕詳見李定一，《中美早期外交史》，頁377-381。
〔註160〕《咸豐夷務》，卷41，頁24。
〔註161〕《咸豐夷務》，卷43，頁4。
〔註162〕《咸豐夷務》，卷43，頁4。
〔註163〕《咸豐夷務》，卷43，頁5。
〔註164〕《咸豐夷務》，卷43，頁6。
〔註165〕《咸豐夷務》，卷43，頁7。
〔註166〕《咸豐夷務》，卷43，頁19。

三、於兩個月內，准開潮州、臺灣兩口。〔註167〕

其他緩辦，美使「一一首肯」，〔註168〕會議圓滿結束。崑山會議後，中國履行諾言，開放臺灣之淡水為商埠。中美之間關於條約的交涉，到此已可謂結束。〔註169〕

1860年夏，英法對中國劍拔弩張之時，中國雖希望美國出任調人，但清吏中仍有對美國懷疑者。七月十三日暫署兩將總督薛煥奏稱：「今俄酋到此，極力慫恿英佛打仗。……且米酋甫到，俄酋旋即踵至；是該酋等明係因約而來，互通消息，狼狽為奸。要挾脅制之計，夷情叵測，亟宜嚴防」。〔註170〕此是對美俄互相勾結表示懷疑。但對美國的印象仍優於俄國。七月，華若翰照會直隸總督恆福，擬於北河洋面會同俄使調處中國與英法爭端，〔註171〕清廷即以美使轉達英法可援美例進京換約，〔註172〕並向美使說明俄人曾傳遞書信，播弄中美友好之事，〔註173〕可見清廷對俄人調處之心頗有懷疑，對美則稍有信賴之心。

1860年八月初，英法美俄四國已先後到達大沽口外，四國既聯合北上，清廷則設法「使俄米及英佛各國互相疑惑，則俄夷慫恿之際，便無所施」，〔註174〕當時美國確有調節之意，僧格林沁等遣人「送米夷食物，該夷全行收領……該夷聲稱：英佛二夷，即欲占據北塘，抄襲大沽後路，此外並無言語」。〔註175〕由此語觀之，美使已暗示英法必再次興兵，進犯北塘。清廷並不明白此暗示，仍希望美使轉約英法於北塘面商進京換約，〔註176〕八月二日，華若翰即照會恆

〔註167〕此三事為十月十七日華若翰自日本返上海，遣譯員往見滬道吳煦所請。見《咸豐夷務》，卷40，頁20。

〔註168〕《咸豐夷務》，卷40，頁33-34。

〔註169〕「崑山之會」後，英、法等援用「最惠國待遇」之條款，享受中美條約中的權利，直到次年（1860）十月，英法駐軍入北京，簽訂中英、中法「北京條約」為止。《四國新檔——美國檔》（台北：中央研究院近代史研究所，1966），頁203。

〔註170〕《咸豐夷務》，卷52，頁42-43。

〔註171〕《中美關係史料》咸豐朝，頁361。

〔註172〕《咸豐夷務》，卷54，頁34-35。

〔註173〕僧格林沁曾建議美使：「斷不可輕信俄夷之言，墮其詭計。」見《咸豐夷務》，卷53，頁31。

〔註174〕《咸豐夷務》，卷54，頁28。

〔註175〕《咸豐夷務》，卷55，頁4。

〔註176〕《咸豐夷務》，卷55，頁6。

福，言明調停似已不可能，〔註 177〕清廷仍轉改英法彌兵和好。〔註 178〕十月聯軍攻入北京。十月二十四日及二十五日，中英、中法北京條約分別簽字，並互換天津條約。

　　美國調處終究未成，但美國亦坐收實利。援「最惠國待遇」之規定，美國亦享有英、法北京條約之權利。而且由於美國於英法聯軍之役的調處，亦贏得中國朝野普遍之好感，當時曾國藩亦言美國「時有效順之誠」，可加以籠絡。〔註 179〕由天津條約、北京換約之交涉，可看出，清廷於虎視眈眈的列強中，對美國觀感較佳，故希望能憑藉美國調處，以減低列強對中國之壓迫。就一方面而言，清廷對美國的好感，亦因英法之逼迫而來。清廷對美國之友好，可由第一任美國駐京公使蒲安臣（Anson Burlingame）將之發揮到極點。儘管中美在此兩次條約交涉中有局部之糾紛，但多在 1860 年代發展的中美友好關係中修補了；這亦是美國在天津、北京條約中的另一收穫。

　　另外，由此兩次條約交涉中滿清大臣的奏摺，亦可看出這些奏摺已不再有望廈條約交涉時期縷縷描述美國立國情形、國勢發展諸事迹，可見滿清大臣經過數次中美官方之交涉後，對美國已有基本之認識。

〔註 177〕《中美關係史料》咸豐朝，頁 361。
〔註 178〕《咸豐夷務》，卷 55，頁 12-13。
〔註 179〕《咸豐夷務》，卷 71，頁 9-12。

第四章 洋務運動時期（1862-1874）

第一節 洋務派對美國的認識

自鴉片戰爭以來，中國門戶洞開，尤其以英法聯軍締結天津、北京條約爲轉機，一部份爲有識之士，已深感西方武力優勢的重要性。1860 年代洋務運動的展開，是謀師夷之長技以制夷，藉充實軍備以達到富國強兵的目的，此即萊特女士（Mary C. Wright）所言「同治中興」（1862-1874）。〔註 1〕洋務運動既然是承認西夷之長處並師法夷學，因此對西方各國的認識，實亦影響此一運動的推展。此一時期，清廷聘用美國人蒲安臣（Anson Burlingame）爲首任出使歐美各國公使，並首次派遣幼童赴美留學，其意義實爲不凡，而此時中美之間文教交流亦蒸蒸日上，凡此皆關乎中樞主事者及洋務論者對美國之認識。本節即是針對洋務派對美國之認識，作一說明。

此一時期洋務運動之建設，大抵偏重於軍事工業。而洋務派與變法派之分際，並非涇渭分明，變法思想於 1870 年代即已孕釀，〔註 2〕故本節亦涉及早期變法家對於洋務之建言及關於美國之認識。

〔註 1〕有關洋務運動的一般性著作，可參看 Mary C. Wright , *The T'ung-Chih Restoration* , 1862-1874（Stanford University, 1957）牟安世,《洋務運動》（上海：上海人民出版社，1956）。Thomas C. Kennedy "Self-Strengtheninrg: An Analysis Based on Some Recent Writing", *Ch'ing-shih Wen-ti*（November 1974）,3（1）:3-35。則對西方學界今年來有關洋務運動之著作，做一綜合性批判。

〔註 2〕可參考汪榮祖,《晚清思想變法論叢》（台北：聯經出版公司，1983），頁 1-59。小野川秀美著，林明德、黃福慶譯《晚清政治思想研究》（台北：時報出版公司，1982），頁 1-49。

　　洋務運動的策動人物，廷臣中是以恭親王奕訢爲首，大學士桂良及戶部左侍郎文祥爲輔。疆吏中則以曾國藩、左宗棠、李鴻章等人爲主。恭親王等人於 1861 年一月十三日首請設立「總理各國事務衙門」，〔註3〕此爲中國專設外交機構的開始，亦爲關於洋務運動的第一項措施。「總理各國事務衙門」，通稱爲總理衙門，再簡稱爲「總署」或「譯署」，〔註4〕此一機構後來成爲新政之總匯，凡與西洋有關的新政，大皆由總理衙門籌畫主持。

　　經過英法聯軍之後，恭親王奕訢對於中西關係有新的了解。他認爲，自南京條約，夷情鴟張，「至本年（按：1860）直入京城，要挾狂悖，夷禍之烈極矣……各夷以英國爲強悍，俄國叵測，而咈咪從而陰附之」，〔註5〕對於各國形勢，他認爲「俄國壤地相接，有蠶食上國之志，肘腋之患也，英國志在通商，暴虐無人理，不爲限制，則無以自立，肢體之患也」，〔註6〕「法人情性，較之英人尤爲恣睢暴戾，其傳教一事，更易橫生枝節」，〔註7〕恭親王也提到美國雖然陰附英俄，但他對美國印象尚佳，他於 1862 年 8 月 21 日（同治元年七月廿六日）接見美使蒲安臣，蒲氏呈遞國書、聖經及聯邦志略各一本給予清廷。對於此次會晤，恭親王甚表滿意，〔註8〕不過由於各國的顧慮，致使其認爲羈縻之術應配合防備之事，即如美國雖爲恭順，但亦不可恃，惟圖自強才是萬全之計。〔註9〕

　　曾國藩在西洋各國中，以對美國印象最佳，認爲美國性質醇厚，並呈言歷年美國居間調處中外糾紛，可見美人時有效順之忱。他說：

　　　　馭夷之道，貴識夷情，以大西洋諸夷論之，嘆咭唎狡黠最甚，咈啷西次之，俄羅斯勢大於嘆咈，嘗與嘆夷爭鬥，爲嘆夷所憚。咪唎堅人性質醇厚，其於中國素稱恭順。道光十九年，嘆夷因鴉片肇釁之始，兵船闖入廣省河，咪酋曾於參贊大臣楊芳處遞稟，願居間調處，英酋義律旋出親筆，有只求通商，不討別請等語，是並煙價亦不敢索取也。楊芳曾據以入奏，而不敢專主其議，會官軍燒搶洋行，誤

〔註3〕　《咸豐夷務》，卷71，頁 17-26。

〔註4〕　關於「總理衙門」，可參考 Meng S. M. , *The Tsungli Yamen : Its Organizations and Fuctions*（Cambridge , Mass.: Harvard University Press ,1962）

〔註5〕　楊家駱主編《洋務運動文獻彙編》冊一（台北：世界書局，1963），頁 5。

〔註6〕　楊家駱主編《洋務運動文獻彙編》冊一（台北：世界書局，1963），頁 6。

〔註7〕　《同治夷務》，卷64，頁 19-20。

〔註8〕　《同治夷務》，卷8，頁 45-46。

〔註9〕　《同治夷務》，卷64，頁 19-20。

傷咪夷數人，其事遂請寢口而夷患遂熾。咸豐三年，賊踞金陵，聞咪酋亦曾於向榮處，託人關說，請以兵船助剿，未知向榮曾據以入奏否？咪唎兩夷犯廣東省城時，咪夷未嘗助逆。上年（按：咸豐九年）天津擊敗夷船時，咪酋即首先赴京換約，並無異詞，是咪夷於中國實有效順之忱，而咪唎之夷並非團結之黨，已可概見。〔註10〕

曾國藩爲當時最受清廷倚重，又確實具有領袖群倫的地位。他對美國的好感與主張親美的外交政策，自然有極大的影響力。

李鴻章對美國之觀感，與寓華美人在中國之表現頗有關係。1860 年清廷決定以洋兵助剿太平軍，英、法、俄等國均決定助清廷平定太平軍，取得中國軍隊的訓練與指導。清廷明知此舉之危險性，但又迫於形勢，不得不爲之。如曾國藩等人對美國有好感，頗有借助美國之意，〔註11〕但美國因南北戰爭（1861-1865）之故，在中國海軍幾全部撤回，實無能爲力。美人華爾（Frederick Townsend Ward）適於此時崛起，他最初是私人「受雇於中國商人」，隨後則「願任中國臣民……輸誠而內附」，〔註12〕由華爾率領的中國軍隊約有五千名，用西式槍礮，這支軍隊戰績昭著，成爲清廷對付太平軍的主力之一。華爾於1862年九月慈谿之役，重傷殞命，李鴻章時爲蘇撫，命滬道「吳煦等改爲中國冠裳，易棺收殮，葬於松江，以全其效命中朝之志」。並請「於寧波、松江兩處建立專祠，以慰忠魂」〔註13〕再則，在舉辦自強新政的實業上，李鴻章和外人有多次合作的機會，而其中不乏是美國人，如廣方言館教習林樂知、同文館教習丁韙良，李氏並資助林樂知開辦中西書院。〔註14〕

1879 年（光緒五年），美國前任總統格蘭忒（Ulysses S. Grant）來華，李鴻章招待甚殷。因知其將遊日本，時適逢中日因琉球事交涉，恭親王乃面請他調停。格蘭特到日本後，日人另有一套說詞，乃勸中日彼此互讓，並數度致函李鴻章，勸中國自強，尤盼中國仿照日本之例而效西法。〔註15〕梁啓超說：李鴻章生平對外人「常帶傲慢輕侮之色」，但他最敬愛戈登（Charles Gordon）

〔註10〕《咸豐夷務》卷 71，頁 13-14。
〔註11〕可參見李定一，《中美早期外交史》，頁 426-428。
〔註12〕《同治夷務》，卷 4，頁 25-26。1862 年二月二十五日蘇撫薛煥奏。
〔註13〕《李文忠公全集》，奏稿，卷 2，華爾陣亡請卹摺。
〔註14〕參見梁元生，《林樂知在華事業與萬國公報》（香港中文大學，1978 年），頁 130～136。
〔註15〕《李文忠公全集》，譯署函稿，卷 9，頁 32-40。

與格蘭特。「格蘭特遊歷天津，李鴻章待以殊禮，此後接見美國公使，輒問其起居，及歷聘泰西時，過美國，聞美人為格蘭德立紀功碑，即贈千金以表敬慕之情」。〔註16〕1896年（光緒廿四年），李鴻章遊歷俄、德、法、英、美諸國，在美國約停留七日之久，參觀紐約、費城、華盛頓等地，可惜當時適逢美總統出都，議院大門深鎖，故未能一睹美國議會政治風貌，時人所輯《李傅相歷聘歐美記》，可窺李氏此行在美之活動。〔註17〕

左宗棠於西洋各國之中，認為「英人最狡詐，各國雖均一謀利之心，尚間存見好之意，至英人則食桑葚而不懷好音，難以諭情理」，中國自強之策，除修明政事，精鍊兵務外，應仿造輪船，以奪彼族之恃。〔註18〕

上述中央大吏之言論，大抵而言，對美國（或美國人）的觀感都不錯。就外交上而言，1860年代自強新政的展開，立意與西方國家和好相處，美使蒲安臣於1861年抵華後倡導「合作政策」（A Policy of Cooperation），「合作政策」的推行搏得清廷對美國及蒲氏個人的好感，1867年蒲氏即受恭親王之邀請，擔任中國首任出使歐美各國使節。

1861年冬（咸豐十一年）蒲安臣抵華出任美國首任駐京公使。因大沽海口已經冰凍，不能逕赴北京，遂往返廣東、上海及寧波等處，觀察各地情形，至翌年秋始入駐北京。蒲氏於上述各地觀察的結果，認為太平軍決無成事之理，故對於清廷，不但應視為合法政府，且對於清廷之鎮壓內亂，應予以道義上的扶助，蒲氏之主張，旋得美國國務卿西華德（William H. Seward）之訓令認可，並命其嗣後遇事可與其他各國駐華公使「商議與合作」。〔註19〕蒲氏鑑於西方各國對於侵佔中國權利之舉，互相競爭，長此以往，各國必起衝突，若不設法阻止，必為美國在華利益前途之隱憂，蓋當時美國因內戰（1861-65）爆發，無暇顧及在華利益，一旦各國瓜分中國，則美國在華平等通商之機會必致喪失無遺。於是蒲氏遂決定一方聯絡各國駐華公使，遇事互相商議，使行動得以一致，一方則設法扶助中國政府，使能自保其權利免受外人之侵害。當時英國所冀求的商務貿易特權，已在1858及1860年的條約中，全部如願以償，對蒲氏之建議，當即同意；俄國在璦琿條約及北京條約，不折一兵一矢而獲得黑龍江以北及烏

〔註16〕梁啓超，《論李鴻章》（台北：中華書局，1958），頁84-85。

〔註17〕蔡爾康輯，《李傅相歷聘歐美記》，中國近代史料叢刊808，卷下（台北：文海書局），頁27-32。

〔註18〕《西方及列強認識》，第二輯，第一分冊，頁306。

〔註19〕Tyler Dennett, *Americans in Eastern Asia*, p.410.

蘇里江以東的廣大土地，消化需時，不宜操切。法國因歐洲局勢緊張，不欲開
罪英國，只得附和英國所支持的「合作政策」。〔註20〕其內容，大約有三部分，
其一，各國駐華公使皆遵守條約之規定，不越出條約之範圍，以擴張已有之權
利。其二，遇對華交涉利害相同之問題，共同商議解決之辦法，俾免彼此之衝
突。其三，從道義上扶助中國，使其能逐漸進步。〔註21〕

　　「合作政策」的具體表現在寧波事件、上海租界問題、及租界地華人司
法管轄權與納稅問題的種種糾紛上，尤其是中英因購置軍艦而引發的李泰國
事件，〔註22〕尤賴蒲氏之斡旋。清廷派遣蒲氏出使各國時，恭親王還特別提
到李泰國事件中蒲氏之功勞。要之，「合作政策」，雖爲蒲氏審度美國本身局
勢，盱衡列強在華情勢後，所大力推行。但由於其標示不侵犯中國領土主權
及幫助中國新政之興革，贏得總署對美國及蒲氏之敬重。

　　由於清廷自強之決心，各方建言，一時蠭起，或針對列強之分析、或針
對西方器械船炮之倡議，各種主張，對美國都有偏好，如薛福成認爲，當今
與中國有約之國中，以英、法、俄、美、德最強。五國之中，英人險譎，法
人懍悍，俄國陰圖我東北，德國亦他日之強敵，惟有美國與中國最無嫌隙，
當推誠相處，引爲強援：

　　……五國之中，英人險譎，法人懍悍，所至之地，便思窺伺釁隙，
　　陰圖佔踞，此中國之深仇，不可忘也。俄國地廣兵強，爲歐洲諸
　　國所忌，今且西守伊犁，東割黑龍江以北，據最勝之地以扼我後
　　路，是宜羅設大防以爲藩籬，而尤注意於東三省，嚴爲之備而婉
　　與之和，此中國之強敵，不可忽也。美國自爲一洲，風氣渾樸，
　　與中國最無嫌隙，其紐約與蒲公使所立新約，則明示以助我中國
　　之意，蓋亦恐中國稍弱，則歐洲日強，還爲彼國之害也，故中國
　　與美國宜推誠相與，略棄小嫌，此中國之強援，不可失也。德人
　　新破法國，日長炎炎，幾與俄、英鼎峙，幸其通商之船尚少，則
　　交涉之事，亦無多，此亦中國他日之強敵，不可恃爲援，亦未至

〔註20〕 Tyler Dennett , *Americans in Eastern Asia* , p.374 .
〔註21〕 李抱宏，《中美外交關係》，頁 105。關於「合作政策」之內容與性質，蒲安臣
　　　　於其致滬領事之訓令，極爲詳細。原文見 F. W. Williams , *Anson Burlingame and
　　　　the First Chinese Mission to the Foreign Powers*（New York , 1912），pp.33-35。
〔註22〕 這些事件之經過，可參閱李定一，《中美早期外交史》，頁 412-416。李泰國事
　　　　件，可參閱本章第三節，第二部分。

驟爲患也。〔註23〕

薛氏對各國之分析，可謂甚有見地。

薛氏建言開創鐵路，也主張以美國爲例，凡開墾新地，皆以設鐵路爲先務，他說：

> ……如美邦新造，四十年前尚無鐵路，今通計國中六通四答，爲路
> 至二十一萬里，凡墾新城、闢荒地，無不設鐵路以道其先，迨戶口
> 多而貿易盛，又必增鐵路以善其後。開國僅百年，日長炎炎，幾與
> 英、俄相伯仲。蓋聞美之舊金山乘輪車至紐約爲程萬一千里，行程
> 不過八日，是萬里而如數百萬之期也。旅費不過洋銀百餘枚，是萬
> 里而如千餘里之費也。是故中國而仿行鐵路，則退者可邁，滯者可
> 通，費者可省，散者可聚。〔註24〕

同治年間，對於興辦鐵路，朝野間因知識未開，多視鐵路興設，毀先人墳塚，爲逆天之不孝。洋務派之鼓吹，在當時多少帶有啓蒙性，其中即以薛福成之提倡爲最著；而美國在薛氏筆下爲一可仿效之興建鐵路的強國範本。

薛福成主要在陳述創辦鐵路的根據，而馬建忠則陳述籌措經費之法。馬建忠認爲可仿行歐美各國借國債之法，款項籌備之後，則度地勢、置鐵軌。南北美洲鐵道長計十三萬之千又八十五公里，而屬於美國者計十一萬六千八百七十四公里。美國鐵路之缺點，在於陡度太過，峻削難行，不可爲法。〔註25〕鄭觀應則以爲美國鐵路最多，火車速度最穩最快而又價廉，值得仿效。「蓋英、德、法鐵路火車至今尚多舊式，美國鐵路最多，生意極廣，承辦鐵路巨商又互相爭利，故新式之車日出日精，力速而車穩，價廉而工省」。〔註26〕

王韜對於美國亦有好感，緣因美國人蒲安臣代表清廷出使，美國在外交上並以萬國公法平等待我，他比較英、美兩國如下：

> ……我朝特遣美國人蒲安臣爲公使，出使各邦，特欲結好美洲以爲
> 己助。美亦許置中國於萬國公法中，英美兩國其在中國，則外和而
> 内忌；其在泰西，則每相背而馳。英於中國，惟恐美人從而間之。
> 蒲公使銜命出使之本旨，一曰固邦交，一曰去勢力。因英人前後所

〔註23〕《洋務運動文獻彙編》，冊一，頁 156。
〔註24〕《洋務運動文獻彙編》，冊一，頁 378-379。
〔註25〕《洋務運動文獻彙編》，冊一，頁 411-413。
〔註26〕《西方及列強認識》，第三輯第二分冊，頁 592。

立之約，無非以勢脅而力取者也。〔註27〕

王韜認爲美國是西洋各國中，電線設置最爲完備者：

> 美爲泰西之雄國，其所建電氣之通標獨多於各邦，而美國總統尚
> 以大西洋海底雖有電報相往，往來香港，然乃英國所設，報貲甚
> 重，不若新築電線於太平洋，通日本以達中土，則美邦獨擅其利，
> 而祕事不至於外聞，又豈復受英人之所制！由是觀之，美人之謀
> 國思深慮遠如此。其欲造電線也，計自嘉鏨符尼亞邦而至哈維島
> 約六千二百四十里，由哈維島至般宵島約九千七百二十里，自般
> 宵島至日本之橫濱約一千五百里，自橫濱至上海約三千七十五
> 里，其道之紆迴邈遠，總計二萬一百九十里，工程浩大，可謂不
> 憚其難者矣。〔註28〕

美國於 1865 年元月向總署提出設辦電線，總署以事關中國利權，駁覆不允。
1867 年又提出設辦港滬海底電線，仍不准行。中國第一條電線爲 1871 年，由
丹麥所設香港至上海海線，以後在洋務派不斷鼓吹之下，風氣漸開。〔註29〕

當時呈言西方各國器械船砲之文甚多，大抵而言，洋務官僚及一般清議，
對於美國之器械設施之進展已有認識；甚至認爲美國之工業設施不遜於英法
等歐洲國家。至於美國技藝之進展原因，鄭觀應認爲係美國政府設立技藝院，
智巧日精，人才倍出。他舉例美技藝院之規模如下：

> 西國之技藝，以英美爲最精，製造各物價值多於土產各物。乾隆十
> 三年，即一千七百八十四年，美國將士弗蘭克令著成格致書二，全
> 部呈於國家，欲刱設格致學堂，教習國中子弟，幷開一公會，每期
> 聚集通人，各抒所見，相與討論發明。國家許其所請，因而美國化
> 學日有進境，可與歐人並駕齊驅……近時美國百工居肆，心思日闢，
> 智巧日精，每歲所出新樣之物多於英國。其工藝列科十二，別類分
> 門。吾粵鄺容階司馬使美而旋，述美技藝院二十餘所，每所約二百
> 餘人，教習各十餘人。地基由朝廷給發，建院經費，或撥國幣，或
> 抽房捐，年費由善士輸助。如不敷用，一學生收回修金二百元不等，
> 稍有盈積，概免修金。所收學生，無論何國，必文法算學均堪造就

〔註27〕　《弢園文錄外編》卷 4，頁 13-15。
〔註28〕　《洋務運動文獻彙編》，冊一，頁 497。
〔註29〕　關於鐵路、電線之倡導，見《洋務運動文獻彙編》，冊六。

者方入選……。〔註30〕

上述薛福成、王韜、馬建忠、鄭觀應等人，在 1870 年代即倡議西方政治教化，可謂早期的變法家，而此些人士多非居政要，而與洋務官僚有相當密切的關係。如 1860 年代即倡議變法的馮桂芬早年受知於林則徐，後爲李鴻章之幕僚；鄭觀應亦曾爲李之幕僚；薛福成亦曾爲曾國藩之幕僚，並隨征捻軍，後又爲李鴻章之助理；馬建忠更與李鴻章關係密切，因李之助，就職於巴黎清史館，回國後主持招商局爲時甚久；王韜雖係布衣，然亦與洋務官僚多所接觸，〔註31〕因此這些人士對西方各國之評估，對洋務派官僚應有某種程度之影響。

以上諸人對美國之認識，或基於外交，或基於器械技藝。就外交而言，洋務派秉承以往中美友好之傳統，及歷年對外交涉之經驗，對美國有較佳印象，或以爲可推心相與（如曾國藩、薛福成），或以爲美雖恭順，但已與諸國連成一氣，不可全恃（如恭親王），無論如何，在歐美列強中，美國仍是與清廷最爲友善者，此與 1860 年代的親美外交有絕大關係。就器械技藝而言，洋務派對於美國之槍砲，機器、電線設施等甚爲稱羨，並以美國培養各國人才之法值得仿效，這對中國初步現代化有相當的意義。

第二節　蒲安臣使團與中美友誼之進展及其訪美見聞

1867 年，清廷爲達求「知己知彼」之目的，派遣第一支使團赴歐美考察。這支使團爲美國前駐華公使蒲安臣（Anson Burlingame）所率領，故稱爲「蒲安臣使團」。〔註32〕蒲氏以美國前駐華公使出任中國「充辦各國事務大臣」，此在中美友好關係上，具有指標性意義。1860 年以前，中國人對於美國之知識，大抵由書籍、傳聞或中外接觸（包括商務與外交）中得悉，然而眞正到過美國，而又見諸文字記載的畢竟極少。蒲安臣使團約有三十名中國人，這支使團，約在美國停留五個月之久，其對美國之觀感，有助於瞭解當時中國人目睹十九世紀七〇年代美國風土人情之景象。

1861 年「總理各國事務衙門」成立之後，內政外交力求改弦易轍。清廷感於外人於中國虛實，無不洞悉，中國對於外國情僞，一概茫然，有意派員出國，

〔註30〕《西方及列強認識》，第三輯，第二分冊，頁 571。
〔註31〕可參考林明德等譯，《晚清政治思想研究》，頁 1-49。
〔註32〕關於「蒲安臣使團」。可參考黃世雄，《「蒲安臣使團」之研究》（台北：文化大學中美關係研究所碩士論文，1970）。

所顧慮的是禮節問題。1866 年總稅務司赫德（Robert Hart）請求返英完婚，建議恭親王奕訢、文祥派同文館學生隨行，以廣見聞。恭親王認為此舉與特派使臣體制無關，表示首肯，由總稅務司文案率同文館學生三人前往。〔註33〕他們一行先後至巴黎、倫敦及瑞典、俄、德諸國，英國女皇曾予接見，此是中國第一次派往西洋的觀光團。

1867 年，總署有鑑於英法聯軍的起釁，乃肇端於修約問題，而翌年（1868）又屆修約之年，〔註34〕故心存戒懼，事先詳為籌措。1867 年十月，總署則分函各省督撫，提出六項修約時可能發生之問題，請各省督撫表示意見，期能集思廣益，以為未雨綢繆之計。其一為遣使問題，總督主張應遣使到外國以達「知己知彼」的目的，但有兩個困難：

> 中國出使外國，其難有二：一則遠涉重洋，人多畏阻。水陸跋涉，寓
> 館用度，費尤不貲。且分駐既多，籌款亦屬不易。一則語言文字，尚
> 未通曉，仍倚翻譯，未免為難。況為守兼優，才堪專對者，本難其選。
> 若不得其入，貿然前往，或致狎而見侮，轉足貽羞域外，誤我事機。
> 甚或勉強派遣，至如中行說之為患於漢，尤不可以不慮。〔註35〕

對於前此所顧慮的體制問題，此時竟隻字不提。觀其所舉之難事，可看出挑選人才為最主要之問題；除了通曉語言之外，又須才德兼修。

1867 年十一月，美國駐華公使蒲安臣任滿欲歸國，總署大臣為之設宴餞行。由於蒲氏於其任內之表現，贏得清廷之好評，此時又「自言嗣後遇有與各國不平之事，伊必十分出力，即如中國派伊為使相同」，蒲安臣既有此表示，文祥乘機請他擔任中國使臣。經多次商議，赫德又從旁敦促，蒲安臣乃毅然接受。根據恭親王等人的敘述：

> 遣使一節，本係必應舉行之事，止因一時乏人，堪膺此選。……美
> 國使臣蒲安臣，於咸豐十一年（1862）來京，其人處事和平，能知
> 中外大體。從前英國李泰國所為，種種不合，蒲安臣曾經協助中國，
> 悉力屏逐。迨後回轉西洋一次，遇有中國不便之事，極肯排難解紛。
> 此時復欲言歸，臣等因其來辭，款留優待。蒲安臣心甚感悅，自言

〔註33〕斌椿赴泰西事，見《同治夷務》，卷 39，頁 1-2。斌椿此行著有《乘槎筆記》，載《小方壺齋輿地叢鈔》，第十一帙。

〔註34〕據 1858 年中英天津條約第二十七條，可於十年重修通商各款。中法天津條約第四十條規定為十二年可修，但均可引用最惠國待遇條款，要求十年修約。

〔註35〕《同治夷務》，卷 50，頁 32。

> 嗣後遇有與各國不平之事，伊必十分出力，即如中國派伊爲使相同。
> 臣等因遣使出洋，正苦無人……臣等公同商酌，用中國人爲使，誠
> 不免於爲難，用外國人爲使，則概不爲難。現值修約屆期，但與堅
> 明要約，派令試辦一年。凡於中國有損之事，令其力爲爭阻。凡於
> 中國有益之事，令其不遽應允，必須知會臣等衙門覆准，方能照行。
> 在彼無可擅之權，在我有可收之益……。〔註 36〕

可見蒲安臣雖爲「中外交涉事務大臣」，但不能擅自決定對外交涉，重要決策
仍在總署。中國之選中蒲安臣，就個人而言，在其「處事和平，能知中外大
體」，就國家而言，恭親王亦考慮到「英美法三國，以財力雄視西洋，勢各相
等。其中美國最爲安靜，性亦和平」。〔註 37〕所以「蒲安臣使團」，不僅代表
清廷對於蒲氏個人的好感而已，也顯示當時中國對美國之觀感有異於他國。

　　恭親王深恐英、法二國疑慮猜忌，故使團中加入英人柏卓安（Joh M.
Brown）及法人德善（E. de Champs），二人均「通曉漢文語，若派全隨同蒲安
臣出使，兼可以籠絡英法諸國，甚爲合宜」。柏卓安爲「左協理」，德善爲「右
協理」。〔註 38〕

　　使團中的中國人約三十名。〔註 39〕以記名海關道志剛及禮部郎中孫家穀
二人，同任「辦理中外交涉事務大臣」，名位與蒲安臣完全相同。故此一使團
中，有三名「辦理中外交涉事務大臣」。頒發給蒲安臣木質漢、洋合璧之關防
一顆，「以資取信各國」。出使時期，以一年爲限，〔註 40〕隨行譯員，有同文
館英文學生德明、鳳儀，此二人曾隨斌椿赴各國遊歷，俄文學生塔克什訥、
桂榮，法文學生聯芳、廷俊。此外尚有隨員亢廷鏞、王掄秀、嚴士琦、莊椿
齡、雷炳文、果慶瑞等。〔註 41〕其中，志剛撰有《初使泰西記》，記錄頗詳。
可爲此次出使，中國人對西方觀感之代表作。

　　使團行程，預定爲自上海乘輪經日本赴美、英、法、比、荷、丹、瑞典、
俄，再折回至到普魯士、法、西、意，然後返國。1868 年二月二十五日，使
團自上海出發，四月一日抵舊金山，受到意外的熱烈歡迎，當時美國人民，

〔註 36〕《同治夷務》，卷 51，頁 26-28。
〔註 37〕《同治夷務》，卷 4，頁 28。
〔註 38〕《同治夷務》，卷 4，頁 29。
〔註 39〕見 H. B. Morse , *The International Relation of the Chinese Empire* , Vol. II ,p.193.
〔註 40〕《同治夷務》，卷 52，頁 1-2。
〔註 41〕《同治夷務》，卷 52，頁 6。

對於條約利權以促進中美貿易之事，並不甚關切，對於使團的奇裝異服卻十分感到興趣，〔註42〕四月二十九日，加州州長設宴款待，到會者四百餘人，頗爲一時之談。〔註43〕

　　1868 年五月一日使團離開舊金山，乘船赴巴拿馬，改乘火車抵大西洋，再乘輪船北航，於五月二十三日抵紐約，志剛對紐約之描寫：

> 聞其地有公局，招徠各國謀食之人，有願爲之。氓者問其所能之，業農則授之田，工則居之肆，商則納諸廛，其秀者則使之就學焉……
> 入委斯特爾客寓見其街市喧闐，樓宇高整，家有安居樂業之風，人無遊手好閒之俗，新國之氣象猶存。〔註44〕

六月二日到達華盛頓。次日國務卿西華德（William Henry Seward）即以茶會招待，相談甚歡。此次聚會，對中國使團而言，爲大開眼界：

> ……屆時而往已有各國使臣及各大員咸集，并有女客亦係各客內眷，逐一執手相見，因言凡地球四面七八萬里之人，能於一夕一處相會，實爲罕有，眾賓無不歡悅，因思此等聚會，雖係西國之俗，而實具深意，蓋總理各國事務者，時與各國親信大臣，聚首歡融爲一氣，無論潛消釁隙，即偶有抵牾無不可盡之言，言無不可輸之情，而連環交際，無非排解調處之人，是以各國之勢，易於聯屬，此與人臣無外交之義，其用不同。〔註45〕

志剛等人對於中國傳統所謂「人臣無外交」有不同的體認和想法，由此可見。

　　六月六日，使團謁見美國總統雍生安（Andrew Johnson）呈遞國書，「伯理喜頓（按：president）逐一執手問好，並言深願幫助各國，願中國與美國日益和睦等語」。〔註46〕呈遞國書後四日（六月十日），雍生安總統特設國宴歡宴使團，美政府各部會首長及與中國締約各國之代表均參加，美總統致詞曰：「中國與美國僅隔一衣水，實爲近鄰，將來交往日久，自必愈見和洽」，與會者「皆大歡喜」，〔註47〕美國政府對於「蒲安臣使團」，禮遇甚隆，確係事實。史家莫爾士（H. B.

〔註42〕Tyler Dennett，*Americans in Eastern Asia，A Critical Study of the Policy of the United States With Reference to China，Japan and Korea in 19th Centary*（N. Y. 1941），p.38.
〔註43〕《初使泰西記》，小方壺齋輿地叢鈔，第十一帙。頁107。
〔註44〕《初使泰西記》，小方壺齋輿地叢鈔，第十一帙。頁108。
〔註45〕《初使泰西記》，小方壺齋輿地叢鈔，第十一帙。頁108。
〔註46〕《初使泰西記》，小方壺齋輿地叢鈔，第十一帙。頁108。
〔註47〕《初使泰西記》，小方壺齋輿地叢鈔，第十一帙。頁109。

Morse）稱之爲一種「奉承的歡迎」（Flattering Welcome）可見一斑。〔註48〕

志剛對於華盛頓之議事會堂，上下兩院之運作，觀感極佳：

> 華都有議事之上下會堂，會堂者取公論之地也。擇年老諳練者主之。美國三十三邦聯爲一大國，每遇大政，則各邦首領皆有派在都邑會議之人。惟賦稅出於民者，下堂議之，條約法令出於上者，上堂議之，亦必上下詢謀僉同，或議從其數之多而後上議於伯理喜頓，聽其照准施行。故民情達而公道存。其日值議事之期，會堂首領寇法司約往一觀，堂前列坐紳耆者數十人，中間有壇，壇上會首高座宣講，如堂上所言堂下然之則諾，不然則否，不相強也。否則任其倡言駁議，公同聽之，歸於從眾。〔註49〕

認爲美國議會秩序井然，「民情達而公道存」。

對於華盛頓總統，志剛也流露欽佩之情：「以一廢退武職崛起於人心思奮之時，卒成數千里大業，而乃功成名遂身退而不爲功名富貴所囿，固一世之雄也哉」。〔註50〕

另一「中外交涉事務大臣」孫家穀，記有〈使西書略〉一文，全文不過數百字。其關於美國者僅數語：「國無君長，公議立一統領，四年一更，擇賢而立，余親遞國書後，遨遊山水，伊邦風土略見一斑」，〔註51〕所記並無特出之處，無法置評。此或與禮部侍郎孫家穀「老成勤謹，穩練安詳」，海關道志剛「樸實誠懇，器識閎通」〔註52〕有關，故其所記一簡一詳。

「蒲安臣使團」於七月二十八日與西華德簽訂條約八款，世稱「蒲安臣條約」，蒲氏對於每一條款，均向使團中國官員解釋命意所在，並將之隨條約附呈總署。姑不論後世之人對此約評價如何，但就當時情況而言，「蒲安臣條約」實爲對中國最友好，或者最無損於中國的一個條約。它包含尊重中國領土完整、主權獨立，並以平等地位待遇中國的原則。〔註53〕

條約簽訂後，使團本當即刻離美，但聞英國女王在瑞士養病，蒲安臣亦欲回原籍省親，故使團人員分赴美國各地漫遊。其分別參觀各地建設與工廠

〔註48〕 H. B. Morse , *The International Relation of the Chinese Empire* , Vol. II , p.135
〔註49〕 《初使泰西記》，頁 109。
〔註50〕 《初使泰西記》，頁 109。
〔註51〕 孫家穀，〈使西書略〉載《西方及列強認識》第二輯，第二分冊，頁 1077。
〔註52〕 《同治夷務》，卷 52，頁 1-20。
〔註53〕 〈蒲安臣條約〉，見《中外條約彙編》頁 130-132。

設施，凡所見有顯微鏡、觀象臺、農器、電線設備、製糖廠、造船廠、紡織廠、鐵工廠、軍火廠等，〔註54〕無不嘖嘖稱奇。至八月三十日始離美赴英，共計在美停留五個月之久。

「蒲安臣使團」美國之行，促進中美友誼，增加中美雙方對彼此的了解。蒲氏雄於辯論，嫻於詞令，並且亦因身爲美國人而懂得美國民眾心理。「使美」期間，宣揚中國文化、中國目前之進步和困境、對外關係……等，〔註55〕頗贏得美國人對中國瞭解與同情。就中國而言，這支使團目睹了美國疆土之廣大，物產之豐碩，議會之井然有序，及各項機器設備之完善。使團在美國受到熱烈親切之款待，恰與下一個訪問國英國冷淡之態度成對比，〔註56〕使清廷對美國更加有意示好。

蒲安臣不幸於 1870 年二月病逝俄京，〔註57〕使團續由志剛率領，赴比、意、西、法等國，於十月十八日返抵上海。志剛抵上海後致函江蘇巡撫丁日昌，分析此行所見各國之勢：

> 今以各國之勢觀之，米里堅縱橫七八千里，物眾地大，足以自雄，惟空曠上多招徠，是極願與中國聯合，實不甘坐視各國之沽潤也。英吉利富強以極，頗有持盈之慮，雖時以聲勢嚇人，不肯輕施殘暴，現在竭力經營印度，俟其根深蒂固，斯左提中國，右攜西洋矣。法郎西誇詐相尚，政以賄成，其君初以公舉，四年爲期，其間剝民養兵，廣置私人，及期應代，則私人藉兵挾民……于是國人連年聚閧。適與布人（按：普魯士）有隙……法人三戰三北，困於沙壨，布人攻之急，法人棄兵不戰，遂入法軍，降其人卒四百萬，大礮五百，轉肚群子礮七十，遂將法君擄去……俄羅斯強大爲體，陰巧爲用，專俟鷸蚌之持，而享其利……。〔註58〕

因此，他認爲英、俄圖謀中國最深，法國因普法之戰，可稍緩議。美國雖然

〔註54〕《初使泰西記》，頁 110-114。

〔註55〕可參考 W. Williams, *Anson Burlingame and the First Chinese Mission to the Foreign Powers*（New York，1912），p.139。

〔註56〕《初使泰西記》，頁 118。「蒲安臣使團」於 1868 年九月十九日到英國利物蒲，乘火車到倫敦，英國朝野對待使團十分冷淡，延至十月一日，使團使得對外相司丹立（Lord Stanley）作禮貌上之拜會，又將近一個月，始來照會稱女王定於十一月二十日接見使團，距使團抵英，已整整兩個月。

〔註57〕《初使泰西記》，頁 131。

〔註58〕《初使泰西記》，頁 143-144。

極願與中國聯合，但據其觀察，「美視中國之強弱爲交際之親疏，親則相觀而善，疏則坐視事機耳」，所以他相信中國最爲萬全之策，仍在自強，「苟能自治，使內外有固結之勢，使之知難而退，或較勝於兵連禍結也」。〔註59〕

「蒲安臣使團」出使美國後，中美之間文教交流亦日漸蒸上，朝廷在洋務運動推行下，遂有派遣幼童出洋學西事之議，選定的國家，即是美國，此與「蒲安臣使團」所帶來之中美友誼，當有絕大之關係。

第三節　中美文教關係之進展

1860 年代以後，清廷秉承中美友好關係之傳統及派遣「蒲安臣使團」之經驗，中美之間文教交流日漸頻繁；並且隨著自強新政之展開，西事、西學之介紹，無形中促進國人對歐美文化之瞭解。本文由三方面說明中美文教事業之進展：(一)介紹西學與一般文教關係。(二)幼童赴美留學及美國人民之相助。(三)華人移民及其對美國西部開發之貢獻。關於美國教會在中國創辦之事業，對於近代中國知識之啟迪及中美文化交流貢獻頗大，則詳於第四節說明之。

一、介紹西學與一般關係

介紹西學，最直接之方法，爲翻譯西方之著作。清季以來官辦之編譯事業，由同文館首開風氣。同文館之設立，雖專在培養翻譯人才，以備與外人交涉之用。其所注意者，不過各國語言文字，其目的不在翻譯圖書，僅憑藉翻譯圖書爲考核成績之標準。〔註60〕然而當時所延聘之西洋教習，如英國教士傅蘭雅（John Fryer）、美教士丁韙良（W.A.P. Martin）對倡導西洋政教法制，不遺餘力。傅蘭雅於 1874 年於上海創辦格致書院，發行《格致彙編》，對近代中國知識文化頗具影響。傅氏雖爲英國人，曾寫就《南北花旗戰記》共十八卷，可惜此書恐已散落。〔註61〕丁韙良於 1864 年譯成《萬國公法》（Henry Wheaton's Elements of International Law），由美國公使蒲安臣介紹於

〔註59〕《初使泰西記》，頁 143-144。

〔註60〕可參考鄭鶴聲，〈八十年來官辦編譯事業之檢討〉，收入包遵彭、李定一、吳湘湘合編，《中國近代史論叢》第一輯，冊七。(台北：正中書局，1956)，頁 17-36。

〔註61〕關於傅雅蘭，可參考王爾敏，《上海格致書院志略》，(香港中文大學，1980)。Adrian Arthur Bennett , John Fryer , *The Introduction of Western Science and Technology into Nineteen-Century China*(Harvard Eastern Asian Monographs, No. 24, 1967)

總署，此是中國移植西方國際公法的開始。在此之前，赫德嘗與總署大臣論及國際法的重要，恭親王恐外人別有用心，經丁韙良解釋，始認為「衡以中國制度，原不盡合，但其中亦間有可採之處」。〔註62〕其後丁韙良遴選同文館高年級的優等生，由教習指導，續成《公法便覽》、《公法會通》、《星軺指掌》、《富國冊》等書。總計同文館所譯之書，在光緒十四年以前，約有二十種。以法律、物理、化學居多，亦有各國史略。〔註63〕丁韙良另撰有〈舊金山記〉，可窺早期華人在舊金山之生活面貌。〔註64〕

同治二年，李鴻章奏設外國語言文字學館於上海，選近鄰十四歲以下資稟穎悟之兒童及年少聰慧的候補佐貳、佐雜，入館學習。李鴻章的奏章說：「西人所擅長者，推算之術，格物之理，製器尚象之法，無不專精務實，沕有成書，經譯者十纔一二，必能盡閱其未譯之書，方可探賾索隱，由精淺而入精微。我中華智巧聰明，豈出西人之下？果有精熟西文，轉相傳習，一切輪船、火器等技巧，當可逐漸通曉，於中國自強之道，似有裨助」。〔註65〕奏准之後，由馮桂芬擬定章程，名曰《廣方言館》，美國教士林樂知（Young John Allen）為最早的英文教習。〔註66〕學生三年期滿，能譯西書全帙，作為畢業，1870年，廣方言館併入江南製造局。廣州同文館的西文教習亦為美國人，名譚順，其學生以八旗子弟為多，貢獻不大。〔註67〕

繼京師同文館，上海廣方言館之後，有江南製造局之翻譯館。當時士大夫如張煥綸以出洋游學不能普遍，李東沅以同文館、廣方言館編譯成績不足以應付時代之需要，建議翻譯西國政教製造之書。〔註68〕同治九年（1870），

〔註62〕見《同治夷務》，卷27，頁25-26。是年普魯士與丹麥戰，普魯士兵船在大沽口扣留丹麥商船，總署援引該書，責其侵犯中國領海，普使認錯，證明公法確實有效。李鴻章曾在 1875 年，引用該書條文，處置馬嘉里（Augustus Raymond Margary）被殺案件。見《李文忠公朋僚函稿》卷19，頁 13。致潘鼎新書札。

〔註63〕除上述五書外，另有格致入門、化學指南、法國律例、英文舉隅、俄國史略、各國史略、化學闡源、物理測算、全體通考、算學課藝、新加坡律例、中國古世公法論彙、漢法字彙、天學發軔、同文津量等二十種。見鄧鶴聲，〈八十年來官辦編譯事業之檢討〉。

〔註64〕丁韙良，〈舊金山記〉，載〈小方壺齋輿地叢鈔〉，十二帙，頁 53。

〔註65〕《李文忠公全集》，奏稿。

〔註66〕關於林樂知在華之事業，可參考梁元生，《林樂知在華事業與「萬國公報」》（香港中文大學，1978）。

〔註67〕見《同治夷務》，卷27，頁 6-10。

〔註68〕〈八十年來官辦編譯事業之檢討〉，頁 29-31。

上海廣方言館併入江南製造局,改名翻譯館,聘英人偉烈亞力（Wylie Alexander）、傅蘭雅、美國人馬高溫（D.J. Mac Gowan）、林樂知、金楷理（C.L. Kreyer）參與其事,西人口譯,華人筆述。筆述則以徐壽、徐建寅父子,及華蘅芳爲巨擘,他們對於製造理化之學,都有湛深的研究。總計翻譯館前後成書約二百種,其中以兵學書爲最多,工藝書次之,理化書、算術書又次之,其他天文、生理、政治、史地、商業諸書又次之,法律、農業書籍爲最少。〔註69〕1873年,編印《西國近事編纂》,梁啓超曾稱譽此書爲當時出版之西學書刊中,最爲可讀。〔註70〕

由上述清廷創設新政,兼及新知識之介紹,乃有編譯事業之興起;由於編譯事業之興起,西學之推廣日益加速。再者,同文館、廣方言館、江南製造局等多聘有西洋教習,其對西學之介紹及母國文化之認知,當有助於國人對西方之認識。當時美國人擔任新設學館之教習,或參與編譯者,爲數不少。如上述北京同文館丁韙良、廣州同文館譚順、上海廣方言館林樂知、江南製造局之編譯馬高溫、金楷理等。這些人大多爲傳教士,其對中國近代知識之啓蒙,貢獻頗大。

在清廷推行新政、介紹西學的風氣中,中美文教往來亦有較開明的作風。中國致送美國圖籍,始於1869年（同治八年）6月,應美國的要求,總理衙門以十種約一千冊中國古籍致送美國。〔註71〕1871年,美使呈送美國近三、四年內沿海所添設之浮椿號船塔表望樓等圖式,以幫助清廷於內地各口建造望樓,可依圖仿造。〔註72〕1876年爲美國開國百年紀念,特於費城（Philadelphia）舉辦萬國博覽會（按:時稱賽奇工會）,清廷亦應邀參加,此爲中國工藝產品首次在美大規模展覽,甚受美國重視。〔註73〕與會者之一李圭撰有《美會記略》,對博覽會各國陳列之物,有詳細之記載。〔註74〕李圭另著有《東行日記》,載有遊

〔註69〕〈八十年來官辦編譯事業之檢討〉,頁33。

〔註70〕梁啓超,《讀西學書法》。

〔註71〕其書目計有《皇清經解》、《五禮通考》、《欽定三禮》、《醫宗金鑑》、《本草綱目》、《農政全書》、《駢字類編》、《針灸大全》、《梅氏叢書》、《性理大全》,見《中美關係史料》同治朝（下）,頁602,603。另參見劉伯驥,《美國華僑史》（台北:黎明文化事業公司,1982再版）,頁627。

〔註72〕《中美關係史料》同治朝下,頁802。

〔註73〕《中美關係史料》同治朝下,頁1082。

〔註74〕李圭「美會紀略」,收入《小方壺齋輿地叢鈔》,十二帙。頁78-90。中國赴會之物,共計七百二十箱,值銀約二十萬兩。

歷美國各大城市，所見所聞之心得，內容備極詳細。舉凡各大城市之建設、規制（議會、兵制、稅制、社會福利，如瘋人院、養老院、聾啞院等），鉅細靡遺，〔註75〕並載有華工在美生活之情形及幼童在美學習之狀況。

　　清廷於自強新政、倡導西學的風氣中，對中美關係自有新的認識，促成此一時期中美文教交流之盛況，為鴉片戰爭以來所未見。

二、幼童赴美留學及美國人民之相助

　　1872 年，清廷在自強的呼聲下，首度派遣幼童出洋學習，然而在西洋各國中，挑選之國家卻是美國。就當時歐美各國科技文明而言，英法德等歐洲國家並不亞於美國，而且英國公使亦曾以留學一事向李鴻章諮詢，表示歡迎之意，何以清廷決議派赴美國？關於選派幼童之計劃、內容，前人已有專文討論，〔註76〕故不擬贅述。僅就清廷選派幼童赴美留學之原因及幼童赴美後美國人民之相助，對中美人民友誼及中美文教交流作一說明。

　　根據曾國藩與李鴻章，於同治十年之會奏，擬選聰穎幼童赴泰西學習，其所以選擇美國之原因，據其奏摺所述為「查美國新立和約第七條，內載嗣後中國人欲入美國大小官員學，學習各等大藝，需照相待最優人民一體優待」，又「美國可以在中國批准外國人居住地方設立學堂，中國人亦可在美國一體照辦」。〔註77〕此新立和約，即前所述蒲安臣使團代表清政府與美國訂立之「蒲安臣和約」。〔註78〕故而幼童赴美之直接原因，即是「蒲安臣和約」中有關中國學生赴美學習及設立學堂之優待。

　　當時英國公使曾向李鴻章示意，如果中國欲派留學生，英國當欣然相許，因此李鴻章認為留學一事「固外國人所深願，似於和好大局，有益無損」。〔註79〕就當時而言，英國大書院極多，且英國曾為美國之殖民地母國，科技發展在美國之先。曾、李於兩相權衡之下，為何仍決定派遣幼童赴美，其原因有進一步探討之必要。

　　其一，倡導洋務運動的恭親王奕訢、封疆大吏曾國藩、李鴻章對美國之

〔註75〕李圭，〈東行日記〉，收入《小方壺齋輿地叢鈔》，十二帙，其有關美國者，頁94-112。

〔註76〕詳見顏惠蘭，〈清末留美幼童之研究〉（文化大學中美關係研究所碩士論文，1984）。

〔註77〕《同治夷務》，卷82，頁46-50。

〔註78〕〈蒲安臣條約〉，《中外條約彙編》，頁130-132。

〔註79〕《同治夷務》，卷82，頁48。

好感，此於本章第一節已有論述。

其二，清廷自與英國簽訂南京條約以來，英人之蠻悍狡黠為朝廷所共識，忽欣然邀往留學，朝廷不免無疑。1863 年，發生「李泰國事件」，愈使清廷對英人之挾制恫嚇，痛心不已。

「李泰國事件」緣起於 1861 年恭親王奕訢等人提出購買西方武器問題，時江浙軍情緊急，朝廷對外兵助剿及購買外國船礮事，採積極態度，適代理總稅務司赫德於 1861 年 7 月到北京，〔註80〕他與恭親王談及江南軍情，力主向外國購買船礮。次年三月，赫德函告在英養病之總稅務司李泰國（Horatio Nelson Lay），在英購買一隊火輪軍艦，立即送到中國。〔註81〕恭親王早已顧慮到此艦隊不受中國調度的可能性，故諭令曾國藩等「將應用將弁、兵丁、水手、礮手等人，於該船未到之先，一律配齊」〔註82〕；然而李泰國在英國，竟自行決定聘用英國海軍上校阿思本（Sherard Osborn）為該艦隊司令，全部官兵，悉募英人充當。〔註83〕在中國而言，絕不能接受「為李泰國所把持」的艦隊，但又恐英人「藉口挾制，欲撤不能，並恐因此尋釁，貽中國以無窮之累」。〔註84〕此事件最後經美使蒲安臣數次斡旋，始取得協議。艦隊駛歸英國，英國交還船款，弁兵薪工以及往來船費，由中國償付。〔註85〕

中國派遣幼童赴美之事雖在九年後始實現，但早在 1863 年春，清廷已衷心贊成「派員帶人分往外國學習」，「惟此項人員，急切實難其選」，〔註86〕與英人之構隙，非一朝一夕。而託英人買辦艦隊，竟致其多方挾制恫嚇，最後由美使出面調停，此事才得以解決。對於首次派遣留學生赴洋，清廷不免多方考慮，慎重行事，故而選擇長久以來與中國友誼最善國──美國。

其三，容閎之倡導與丁日昌之支持。

〔註80〕 1861 年元月廿一日，英人李泰國被任命為總稅務司，即赴京謁恭親王。返滬後，因參加租界禦匪戰鬥後受傷，乃返英養兵。六月三十日，赫德暫代其職，亦受命到北京一行。

〔註81〕 見李定一，《中美早期關係史》，頁 413。

〔註82〕 《同治夷務》，卷 10，頁 20。

〔註83〕 《中美早期關係史》，頁 414。

〔註84〕 《同治夷務》，卷 21，頁 4，恭親王等奏。

〔註85〕 此事中國共耗費銀 1,690,000 兩，合英鎊 550,000，而一無所得。見李定一，《中美早期關係史》。1867 年，中國派遣蒲安臣，出使各國時，恭親王還特別提及李泰國事件。見《同治夷務》，卷 51，頁 27。

〔註86〕 《同治夷務》，卷 15，頁 33。

　　派遣幼童赴美留學，此一構思發軔於容閎。容氏於 1854 年畢業於耶魯大學，爲我國第一位畢業於美國大學的中國人。容氏倡議赴美留學，與其在美國所受之教育，有莫大關係。如《西學東漸記》自述其大學時代有云：

> 於當修業期間內，中國腐敗情形，時觸予懷，迨末年而尤甚，每一念及，輒爲之怏怏不樂，轉願不受良好教育之爲愈。蓋既受教育，則予心中之理想既高，而道德之範圍亦廣，遂覺此身負荷極重，若在毫無知識時代，轉不之覺也。更念中國國民，深受無限痛苦，無限壓制……既自命爲已受教育之人，則當旦夕圖惟，以冀平生所學，得以見諸實用。此種觀念，予無時不耿耿於心，蓋當第四學年中尚未畢業時，以預計將來應行之事，規劃大略於胸中，予竟以爲，予之一身，既受文明之教育，則當使後予之人，亦享此同等之利益，以西方之學術，灌輸於中國，使中國日趨於文明富強之境，予後來之事業，蓋皆以此爲標準，專心致志爲之。溯自 1854 年予畢業之時，以至 1872 年中國第一批留學生之派遣，則此志願之成熟時也」。〔註87〕

容閎爲教會教士所培植，赴美國高等學府求學。〔註 88〕對於西方近代知識文明有所領悟，所以大學四年級時，即立志欲使今後中國青年接受西方式的教育，期能推動中國臻於文明康強之境。容閎心目中的西式教育，自然是他在美國七年餘的美式教育。

　　容氏歸國後的遭遇，極不順暢，曾任美國駐華外交委員伯駕之私人秘書、海關編譯及經營茶葉等事，〔註89〕直到同治二年因張斯桂、李善蘭等之推薦，成爲曾國藩之幕僚，並於同年赴美購買機器，其後所購機器運抵上海，於上海之高昌廟設廠，即有名的江南製造總局。容閎的聲名，才從此上達朝廷。1866 年元月二十八日曾國藩奏稱：

> 花翎運同銜容閎，熟習泰西各國語言文字，往來花旗最久，頗有膽

〔註87〕《西學東漸記》，近代中國史料叢刊 944，頁 26-27。

〔註88〕容閎於 1828 年生於廣東香山縣（今中山縣），南平鄉。七歲（1835），入澳門郭士立夫人（Mrs. Gutzlaff）所創辦之學校。1841 年入馬禮遜學校，1846 年伯朗（Rev. Samuel. R. Brown）牧師（時爲馬禮遜學校之校長）因其夫人體弱，不適在港定居，辭職返美。並攜帶黃寬、黃勝、容閎赴美，藉以資助三人在英美完成學業。1849 年，黃勝以病返港，黃寬後轉赴英國蘇格蘭愛丁堡大學就讀，容閎則就讀耶魯大學。關於容閎之生平與教會教士對其之栽培，見李志剛，《容閎與近代中國》（台北：正中書局，1981），頁 7-73。

〔註89〕見李志剛，《容閎與近代中國》（台北：正中書局，1981），頁 7-15。

識，臣于同治二年十月，撥給銀兩，飭令前往西洋採辦鐵廠機器。
四年十月回營，所購機器一百數十種，均交由上海製造局收存備用。
查該員不避險阻，涉歷重洋，爲時逾兩年之久，計程越四萬里遙，
實與古人出使絕域，其難相等。應予獎勵，以爲激勸。合無仰懇天
恩，俯准以同知留予江蘇，遇缺即補。〔註90〕

容閎被奏保爲江蘇候補同知，實際職務是任滬道（蘇松太兵備道）丁日昌的
譯員。兩年後（1867 年）兩江總督曾國藩巡視上海時，參觀江南製造總局。
容閎乘機進言，據其自述「予自得請於曾文正，於江南製造局內附設兵工學
校，向所懷教育計劃，可謂小試其鋒」。〔註91〕適丁日昌升任江蘇巡撫，容氏
往蘇州晤賀，而告以其教育計劃，丁氏聞之大爲讚許，囑容閎草擬詳細說帖，
於是容閎乃擬出以下之條陳：

> 政府宜選派穎秀青年，送之出洋留學，以爲國家儲蓄人才。派遣之
> 法，初次可先定一百二十名學額以試行之，此百二十人中，又分四
> 批，按年遞派，每年送三十人，留學期限定爲十五年，學生年齡須
> 以十二歲至十四歲爲度。視第一、第二批學生出洋留學者有成效，
> 則以後永定爲例，每年派出此數。派出時並須以漢文教習同往，庶
> 幼年學生在美仍可兼習漢文。至學生在外國膳宿入學等事，當另設
> 留學生監督二人以管理之。此項留學經費，可與上海關稅項下提撥
> 數成以充之。〔註92〕

丁日昌將此項條陳，與容閎所提其他各款，迅即一併寄送總署，希望能由文
祥酌情上奏。不幸適逢文祥丁憂，此事遂遭擱置。

　　1870 年（同治九年），天津教案發生，丁日昌奉詔北上，協助曾國藩處理。
容閎隨丁氏赴天津，乃趁此時機力促丁日昌向曾國藩進言。「一夕，丁撫歸甚晚，
予已寢，丁就予室，呼予起，謂此事已得曾公同意，將四人聯銜入奏，請政府
採擇君所條陳而實行之。予聞此消息，乃喜而不寐，竟夜開眼如夜鷹，覺此身
飄飄然如凌雲步虛，忘其爲僵臥床第間」，〔註93〕可見容閎對此事寄望之重。

　　天津教案的刺激，很可能是曾國藩立即採納容閎建議的主要原因。曾氏

〔註90〕　《曾文正公全集》，奏稿卷 5，頁 779。
〔註91〕　《西學東漸記》，頁 100。
〔註92〕　《西學東漸記》，頁 100。
〔註93〕　《西學東漸記》，頁 100。

兩次奏報朝廷，〔註94〕並屢與新任直都李鴻章函商此事。1871 年 9 月，曾、李聯名致書總署，提出派遣幼童之具體方法。〔註95〕總署原本所擔心的「派員帶人分往外國學習之便，惟此項人員急切實難其選」，如今容閎「練習外洋風土人情，美國尤熟遊之地，足以聯外交而窺祕鑰」，〔註96〕總署立即批准。容閎的宿願到此終能實現。

　　經曾、李與容閎反覆商議，擬定「挑選幼童前赴泰西肆業章程」，〔註97〕此項條陳，成為日後幼童留學事務規則。幼童派遣之初，李鴻章曾告美使日後派遣之學生，請其正式照會美國國務卿，多為優待中國學生。美使覆函轉達，為表中美友好，美國船主亦允中國師生起行，減收半費。李鴻章為避免船公司虧損因此婉謝不受。而美使轉告謂：美國務卿對中國此舉，深為讚許，以此為中國維新事業之發軔，美國政府當盡力相助。因此派遣幼童，不僅是自強運動促進維新教育之事業，並且亦為增進中美友善外交關係。〔註98〕

　　容氏先行赴美，抵美之後，首先會見耶魯大學校長包特（Noah Peter）和海得力（James Hedley）教授，繼而進謁康乃迪克州（Conneticut）教育廳長拿瑟魯布（B.G. Northrop），請示中國學生入學之事。拿氏以學童年幼，鮮通英文，為收管教之效，建議安置學生散居於康州河谷（Valley）各地之家庭，每戶以二、三人為宜，俾使各幼童，適應生活，易習英文，俟其英文略有進展，即可轉入美校就讀。拿氏熱心襄助深獲當地居民響應，其時應徵者，竟達到一百二十戶之多，其後第一批學生抵美，拿氏對中國學生起居生活，入學教導，莫不關注備至，清廷聞知大為釋懷。〔註99〕其後第二批留美學生於 1873 年五月放洋，由黃勝（平甫）攜往。第三批於 1874 年 8 月放洋，由祁兆熙攜往。第四批則於 1875 年 9 月放洋，由鄺其照攜往。〔註100〕

〔註94〕 1870 年八月三十日，曾國藩調兩江總督，以李鴻章繼任直督，九月二十日李鴻章到天津，三十日曾國藩交篆卸任，丁日昌亦於九月二十七日返江蘇。十一月十二日曾國藩到南京。其兩次附奏有關派遣幼童出國事，一在天津，御任直督時，一為到江督任後兩三月。上述日期據《曾文正公全集》，卷1，年譜，頁 156。

〔註95〕 可參考呂實強，《丁日昌與自強運動》，（台北：中央研究院近史所專刊），頁 211-213。曾、李聯名之奏稿，見《同治夷務》，卷 82，頁 46-50。

〔註96〕 《同治夷務》，卷 85，頁 15。

〔註97〕 《同治夷務》，卷 82，頁 50-52。

〔註98〕 李抱宏，《中美外交關係》，頁 119。

〔註99〕 李抱宏，《中美外交關係》，頁 119。

〔註100〕 關於留美幼童之名單，可參看顏惠蘭，《清末留美幼童之研究》。

由上述可知，中國首度派遣幼童出洋留學，而以美國爲選擇地，其原因固由於蒲安臣代表中國在華盛頓簽訂的中美新約（即「蒲安臣條約」），有利於留美之規定及促進中美邦交，然亦由於容閎畢業於耶魯大學，大力提倡留美，再加上丁日昌之支持，奏呈總署，幼童赴美一事始得實現。英使雖向中國示意歡迎，然中英宿怨已久，爲避免橫生枝節，在各方面條件考慮之下，選擇美國固爲當然之舉。幼童赴美之後，由於美國人民之幫助，才有陸續各批學生按期赴美。至於其後中國突然撤回留美學生之原因及過程，將於第五章論述。

三、華人移民美國及其對美國西部開發之貢獻

關於中國人移民加利福尼亞的最早時期，眾說紛云。1846-48 年美國發動墨西哥戰爭，佔領加利福尼亞。據當地傳說，從 1571-1746 年西班牙統治時期時，常有中國人被僱於下加利福尼亞造船廠及從事其他勞役。1781 年，在上加利福尼亞的洛杉磯，已有不少中國人。沙華里亞（Chevalier）曾在亞加布哥港（按：墨西哥西岸一港口）發現許多華人足迹的證據，於所著《加利福尼亞史》（*Historie Chretienne dela California*）言及有中國人造船匠。1746 年，三赤斯（Villa-Senor Y. Sanchez）於其所著美國人戲院（American Theater）一書，亦曾敘述在亞加布哥及其附近有許多中國人。〔註 101〕張蔭桓謂：「查墨國記載，明萬曆三年，即西曆 1575 年，曾通中國，歲有飄船數艘，販運中國絲綢磁漆等物至太平洋之亞冀巴路高（按：即亞加布哥）埠，分運西班牙各島，其時墨隸西班牙，中國概名之曰大西洋。」〔註 102〕墨西哥與中國通商，則中國人流寓墨西哥，當非奇事，惟此類傳說，難得實證。

中美間由大西洋港口往廣州最早通商紀錄，是 1784 年美船「中國女皇號」由紐約駛往廣州，自此後，快船經常往來中國與美洲沿東西岸各港口之間。根據美國移民委員會記錄，1820 年有第一個中國人進入美國；由 1821 至 1840年間，又有十個中國人到達美國。1840 與 1850 年間，入美的中國人爲三十五名，這是關於東部海港移民的記錄。最初中國人來到美洲西岸，是由馬理斯（John Meares）於 1788 年載往雲高華島之諾特卡海灣。他將中國人放在那裡，自己沿俄勒岡海岸南航，尋找皮毛，結果失望而歸。返回該海港後，他接運這批中國人，駛往夏威夷群島，於是年底返抵中國。在這次航行中，究竟是

〔註 101〕轉引見劉伯驥，《美國華僑史》，頁 33。
〔註 102〕張蔭桓，《三洲日記》。

否有中國人隨馬理斯前往俄勒岡，不得而知。無論如何，在其僱工中並沒有中國人到過加利福尼亞。〔註103〕

根據三藩市1847年年報（Annals of San-Francisco），發表全市人口數字：白種人三百七十五名，印地安人三十四名，夏威夷人四十名，黑人十名，共四百五十九名，並沒有一個中國人在內；其餘三鄉村（即包括現今三藩市），人口中心及任何市鎮，也沒有中國人的記錄。〔註104〕中國人大批移民，始自1848年加里福尼亞發現金礦，消息傳至中國，粵人相率赴美。1850年一年之中，自香港往三藩市的船隻有四十四艘，每艘載客差不多五百人，到1851年時，中國人之移入加州者，已達二萬五千人之多。〔註105〕

值得注意的是，早期移往美國的華工都是出於自願，不同於在古巴、秘魯等地苦力貿易（Coolie trade）之華工。緣於1850年代至1870年代之間，一種慘無人道的販賣人口的勾當猖獗於我國東南沿海，這種人口販賣當時稱為「豬仔」販運。因為「豬仔」販運盛行時，恰好是華工大量湧入美國，以致很多人誤會移往美國的華工即是類似奴隸般的「豬仔」。早在1847年二月二十二日及1849三月三日美國國會即連續通過法案，禁止所有美國商船載運契約勞工（contract labor）到美國，可是如果美國商船把「豬仔」從外國的港口載運到另一個外國的港口則不在此限。美國商船的主人利用美國法律

〔註103〕《美國華僑史》，頁33。

〔註104〕《美國華僑史》，頁35。Stephen Williams , *The Chinese in the California Mines , 1848-1860*（Stanford , California, 1930）第一章，更斷言1848年以前，似乎沒有中國人住在三藩市。

〔註105〕早期旅美的自由華工百分之九十九係廣東人。1852年以前美國政府對旅居美國的華人並沒做任何正式的戶口登記調查。到現在美國史家對於1852年以前移民到美國的華僑人數仍沒有一致的看法。1852年以還，美國政府設有三個機關同時對旅美華工做戶口登記。可是三個機關所記載的旅美華工人數卻彼此互相矛盾衝突。一個機關是聯邦政府所設的移民局（Bureau of Immigration）隸屬於財政部；一個機關是附屬於國會的移民委員會（Immigration Commission）；另外一個是舊金山海關（San Francisco Customs House）。這三個機構之所以有不同的記載是由於以下因素：一、早期旅美華工大部分像季節性的候鳥般地穿梭於太平洋，經常往還於加州跟廣東兩地。二、美國移民局跟海關的官員一向對華工有歧視偏見。因此這些官員喜歡濫造誇張旅美華工的人數。三、當時戶口調查的技術簡陋不完善，因此造成很多錯誤。不過，一般相信，在1870年代，約有十萬華工分佈在美國西部各州（加利福尼亞、奧勒崗、華盛頓、內華達、懷俄明、科羅拉多、猶他、愛達荷等州）的礦區、農田、鐵路工寮、罐頭工廠等。此處所引據 Mary Robert Coolidge , *The Chinese Immigration*（New York , 1909），p.17。

的漏洞，參加販賣「豬仔」生意，從澳門、香港到古巴、秘魯，絡繹於途。可是他們絕對不敢運販「豬仔」到舊金山；不僅如此，加州憲法（1850 年生效）明文規定不准讓奴役勞工存在於加州。美國內戰結束後，黑奴獲得釋放，聯邦政府復於憲法修正條文明申奴隸勞工之不容存在於美國。凡此種種法律，足以說明早期華工早期華工移往美國都是自願自由的移民。〔註106〕

　　三藩市官民，初時對於中國移民，極表歡迎，每以優禮相待。1850 年當加州加入美國版圖時，十月，三藩市人民舉行熱烈慶祝，中國人被邀參加慶典，表演節目，獨具特色。1851 年，加州州長巴尼德（Peter H. Burnet）於其致州會議的咨文中，稱中國人為文明古國之人，應歡迎其來美，以協助開拓美國各種事業。1852 年加州州長麥都高（John Medougal）更建議加州應制定法律，允許中國人領取土地，藉以招徠更多華人，使其永久居住加州。〔註107〕可見當中國初移民時，普受人歡迎敬重，與其他人種均能融洽無間，類似上述讚美之言行甚多。

　　南北戰爭後，美國政府積極發展全國交通網，加速修建橫貫大陸之鐵道。國會規定該路必須於 1869 年完成，需要勞工十分迫切，因此特派人到中國招募華工，適於此時蒲安臣使團到達美國，由國務卿西華德依據美國利益，起草「蒲安臣條款」，其第五款的規定：「大清國與大美國切願人民前往各國，或願常住入籍，或隨時來往，總聽其自便，不得禁阻為是」。〔註108〕在這種情況下，中國人赴美數目大增，自 1868 -70 年，三年之間，華人赴美人數達 35,984人之多，直到 1875 年美國各地激烈排華為止，這段時間是中國人移民美國的鼎盛時期。〔註109〕

　　早期華人對美國之貢獻，在美國官方及民間已有定評。1964 年，內華達州

〔註106〕Mary R. Coolidge , *The Chinese Immigration* ；蔡石山，〈華工與中美外交〉，《美國研究》第三期，頁 199。

〔註107〕Zoeth Skinner Eldredge , *History of California*（The Century Co., New York , 1915），Ch. V11, Chinese Immigration, 轉引見劉伯驥，《美國華僑史》，頁 469。研究中國人在美國之著作極為豐富。稍早的著作中 Mary R. Coolidge 所著 *The Chinese Immigration* 為學界所重；近人 Stanford M. Lyman 所著 *Chinese-Americans*（New York, 1974）亦獲好評。

〔註108〕〈蒲安臣條約〉，見《中外條約彙編》，頁 130-132。

〔註109〕Mary Robert Coolidge , *The Chinese Immigration* , p.498；另外可參看蔡石山，《華工與中美外交》，《美國研究》第三期，（台北：中央研究院美國文化研究所集刊），頁 201。

舉行建州一百週年紀念，州長宣布定十月二十四日爲向華人先驅致敬日，於史柏斯（Sparks）及維吉尼亞兩市，設立永久性華人記功碑，爲紀念華人開發美西及酬答其建築中太平洋鐵路（即橫貫大陸鐵路西段）之不朽貢獻。〔註110〕除中太平洋鐵路，中國人以極大犧牲而建成之外，其他各鐵路線的建築，中國人貢獻血汗生命亦不少。計有：

一、1850 年，由三藩市通瑪利斯委鐵路的建築，五百工人中有一百五十名是中國人。

二、1869 年，內華達州華蘇（Washos）與康斯脫克（Comstock）礦區之維吉尼亞與特魯基間鐵路，僱用一千名中國工人建築。

三、南太平洋鐵路三藩市至聖荷西段，凡五十英里，僱用中國工人二千名。同時，該鐵路又建一線，經過吉來（Gilroy）與蘇列達（Soledad）南行，1884 年，開鑿著名的冠斯大（Cuesta）斜坡八個隧道，僱二千中國工人來美，參與工作。

四、1869 年，中太平洋鐵路展築聖荷昆河谷一線，中國工人亦參與工作。1875 年三月，通洛杉磯最後障礙的聖化南度（San Fernando）隧道，長凡六千九百七十五尺，由中國工人三百三十名鑽鑿，因山嶺泥鬆而又有水浸透，工程至爲艱難；次年七月終於完成，此時築路工人突增至一千五百人，包括中國工人一千名。

除上述路線之外，其他鐵路建設亦有中國人參與。除參與鐵路建設外，中國工人還參與各項工程建設。對於加州的沙加緬度與聖荷昆三角地帶，以及大中央河谷地區之開墾種植投注心血，使得加州成爲美國的糧庫，這是華人大有貢獻於加州的農業。〔註111〕

溯自華人之開始赴美至 1882 年遭受美國政府正式制定排華法案爲止，對於美國西部諸州開發交通事業及開墾種植，貢獻極大。至於日後美國排華風潮與排華法案的制定，詳於第五章說明之。

第四節　美國在華傳教士所辦有利中國人民之事業

美國來華的人士，以商人及傳教士爲主，美國教士在中國除宣傳教義外，

〔註110〕劉伯驥，《美國華僑史》，頁 617。
〔註111〕劉伯驥，《美國華僑史》，頁 617-619；621-624。

並創辦不少有關中國人民福利之事業，此對近代中國的發展有廣泛深遠的影響。本文係針對美國在華傳教事業對近代中國知識之啓蒙，做一闡述，至於美國教士對中國社會狀態、宗教人倫及政治體制的瞭解，則不擬詳述。〔註112〕

1860 年以前，美國在華傳教事業之範圍，大都皆在通商口岸，或沿海各省，至 1860 年清廷正式批准中法天津條約，該約曾規定天主教士可以到中國內地傳教，中美天津條約既有援例「利益均霑」之規定，自亦取得在中國內地傳教的權利。〔註113〕美國在華教士，除宣傳教義之外，並創辦不少有關中國人民福利之事業。分述如下：

（一）創辦學校：遠在 1830 年第一批傳教士高理文（Elijah C. Bridgman）初到廣州時，即興辦貝滿學校（Bridgman School）這是傳教士在中國本土興辦的第一所教會學校。〔註114〕1839 年在澳門創辦的「馬禮遜學校」（Morrison School）首任校長即是美國海外宣教會（ABCFM）所派遣的伯朗牧師（S. R. Brown）。〔註115〕1842 年後，傳教士進入五口地方，廣州、寧波、福州、上海等地，相繼有美國教會主辦的學校出現。〔註116〕當時這些學校規模都很小，採免費入學，但入學者不多，中途退學者亦不少。

1860 年以後由於傳教士可深入中國內地活動，教會學校也隨之迅速增

〔註112〕關於美國傳教士對中國之認識，可參考王樹槐，《外人與戊戌變法》（台北：中央研究院近代史研究所專刊，1980 年）。Sidney A. Forsythe , *An American Missionary Community in China , 1895-1905*（Harvard University Press , 1971）. Charles W. Hayford " Chinese and American Characteristic : Arthur H. Smith and His China book "in John K. Fairbank Jr. , *Christianity in China : Early Protestant Missionary Writing*（Harvard University Press , 1985），pp.153-174。

〔註113〕由 1858 年〈中法天津條約〉第八條——第十二條及 1860 年〈中法北京條約〉第六條等條款之規定，天主教得到中國內地傳教之權利。見《中外條約彙編》，頁 76-77。頁 88。

〔註114〕可參考 Fred W. Drake, "Protestant Geography in China : E .C. Bridgman's Portrayal of the West" in John K. Fairbank Jr. , *Christianity in China : Early Protestant Missionary Writing* , pp.89-95。關於美國教會在華之教育事業，可參見胡國台，〈早期美國教會在華教育事業之建立〉，（台北：國立政治大學歷史研究所碩士論文，1979 年）。

〔註115〕參考李志剛，《容閎與近代中國》，頁 66-69。

〔註116〕例如 1848 年美國長老會（American Presbytarian Mission）於寧波設校，1846 年美國聖公會（American Episcopal Church）傳教士文惠廉（William J. Boone）於上海設崇信書院，1848 年美國美以美會（Methodist Church）於福州設校。1853 年美國公理會於福州設格致書院。參見顧長聲，《傳教士與近代中國》，（上海：上海人民出版社，1983，二版），頁 187。

加。著名的有 1864 年美國長老教會狄考文（Calvin W. Mateer）在山東登州的蒙養學堂，1867 年改稱文會館。1865 年在北京開設有崇實館，同年美國聖公會在上海有培雅學堂。1871 年在武昌有文惠廉紀念學堂。〔註 117〕教會學校所教授的課程，首要是宗教教育，其次是中國儒家教育（目的在與中國士大夫溝通），在其次則是一些科學知識的灌輸。〔註 118〕此時教會學校的目的雖以宣道為主，但在當時清政府極少重視西方知識文明的情況下，教會學校在客觀上引進了西方新知，促進中國對西方的瞭解。

　　1875-1899 年，教會學校總數增加約二千左右，學生增至四萬名以上。其中屬於美國教會學校著名的有 1879 年開辦的聖約翰大學、1881 年上海中西書院、1889 年廣州格致書院。此一時期少數教會學校逐漸以培育人才為主，而非旨在傳教。〔註 119〕以上海中西書院（Anglo-Chinese College）為例，該校為美國傳教士林樂知於 1881 年（光緒七年）所創辦，林氏曾任廣方言館教習多年，對官辦西式學堂注重「西藝」和「西文」的灌輸未表滿意，而當時教會學校創辦之目的，亦多以傳教為主。有鑑於此，他決定要「創立中西書院，專為栽培中國子弟起見，非敢希圖虛名，但求實濟」。〔註 120〕中西書院的課程，中學與西學各佔一半；科目範圍，也比一般西學學堂廣泛，不但有語言訓練，尚包括數學、科學、地理及政治各門知識，美中不足是沒有關於西方歷史政制的學科，至於宗教課程，佔的份量極少。〔註 121〕林樂知最為欣賞的教育制度，是美國的學校制度，他期望中國的教育改革能朝著美國學制的方向發展，他曾多次致函美國大學的校長及專家，要求他們對中國教育改革提出指導性建議，而且大力推薦譯自布蘭颺的《美國太學志》。〔註 122〕以當時同時期的其他西學堂的課程比較起來，同文館、上海格致書院與中西學堂較為相近，祇是同文館較重語文，格致書院則偏重科學。〔註 123〕而中西書院以中西並重之

〔註 117〕顧長聲，《傳教士與近代中國》，頁 228。

〔註 118〕可以當時山東登州文會館所開之課程為例，見顧長聲，《傳教士與近代中國》，頁 234。

〔註 119〕顧長聲，《傳教士與近代中國》，頁 228。

〔註 120〕林樂知，〈中西書院規條〉，《萬國公報》第十八冊。（台北：華文書局影印版），頁 11806。

〔註 121〕關於中西書院之課程，可參考梁元生，《林樂知在華事業與萬國公報》，頁 59-65。

〔註 122〕《萬國公報》第三十冊，頁 19001。

〔註 123〕參考王爾敏，《上海格致書院志略》（香港中文大學，1980）。上海格致書院創

教學，在當時是比較獨特的。

美國基督教各分會在中國辦教會學校是最積極的，而且始終領先英法等歐洲國家。〔註124〕這些教會學校，日後逐漸發展成爲大學，例如1850年美國聖公會（Church Missionary Society）在上海所辦的英華書院（Anglo-Chinese School），即是1879年成立的聖約翰大學的前身；1864年狄考文在山東登州所辦的文會館，即是1917年成立的齊魯大學的前身。1888美國美以美會採納傳教士福仁（Fowler）的主張，分別在北京及南京設立書院，這兩個書院分別發展爲日後的燕京大學與金陵大學；前者成立於1892年，四年後有學生一百二十五人，後者於1889年成立。1896年福州的美國教會學校亦改稱爲大學。〔註125〕

（二）出版事業：美國來華傳教士所做的第二項工作是出版事業。高理文於1832年五月即在澳門出版「華事彙報」（*Chinese Repository*），1834年十二月，在華英美傳教士及一部份商人，組成中國益智學會（SDK），除編印通俗宗教宣傳品外，並向國人介紹西方史志。〔註126〕當時出版的華文報紙尚有1833年出版於新加坡的《東西洋考每月統記傳》（*Chinese & Foreign Magazine*），1838年刊於廣州的《各國消息》（*News From All Lands*）。六○年代初期，上海的華文報紙已有數種之多。1857年出版的《六合叢談》，每月出刊一冊，所載爲宗教、科學、文學及新聞等，多出自偉烈亞力（Alexander Wylie）手筆。此外尚有英國傳教士麥高文（John MacGown）主編的《中外雜誌》（*Shanhai Miscellany* 或 *Chinese and Foreign Miscellany*）及同年發刊的《字林西報》（*North China Daily News*，後來定名爲「上海新報」）；在廣州則有1865年出版的《中外新聞七日錄》（*Chinese Foreign Weekly*）、《廣州新報》（*The Canton News*）。〔註127〕

上述這些報紙，沒有一定的形式和體例，兼且多爲外人所辦，著重傳播宗教，非以報導及介紹西學爲目的，祇有在條約口岸及「教民」中有極少數量的讀者，未普及於中國的官吏士紳。當時對中國官吏和知識份子最有關係的報紙，

於1874年，英國教士傳蘭雅（John Fryer）爲主要人物。王韜於1885年受聘爲書院山長。格致書院並於1876年刊行《格致彙編》（*The Chinese Scientific Magazine*）由傳蘭雅創辦和經營，對於當時知識思想深具影響。
〔註124〕顧長聲，《傳教士與近代中國》，頁289。
〔註125〕李定一，《中美早期外交史》頁621。
〔註126〕參見本文第二章第二節。
〔註127〕戈公振，《中國報學史》（台北：學生書局，1964），頁68-70；梁元生，《林樂知在華事業與萬國公報》，頁69-71。

衹有《京報》，《京報》淵源於《邸報》，在中國有悠久的歷史，爲政府所辦，但其內容僅限於（一）宮門抄（宮廷的消息，例如重要官職的除授），（二）上諭，（三）奏摺，未能發揮報紙的功效，而且由京師運送各地，量少價昂，非普通人可以購閱。〔註128〕直到《萬國公報》的出現，這種情況始有改變。

《萬國公報》的前身，爲林樂知於 1868 年發刊的《教會新報》（*Church News*），1874 年（同治十三年）改名爲《萬國公報》，至 1883 年（光緒九年）停刊，到 1889 年復刊時已非林樂知個人的經營，而成爲廣學會的機關報。初期《教會新報》之本意，乃專爲聯絡教會及造就信徒，較爲注重宗教性質的文章，銷場僅限於上海一隅，銷量衹有百餘本。四十期以後逐漸選錄《京報》，並刊載「時務」，〔註129〕但對清廷自強的議論，則以第一百十三期赫德（Robert Hart）之〈局外旁觀論〉和一百十六期威妥瑪（Thomas F. Wade）之〈新議論略〉爲開端，這兩篇文章是最早由寓華外人獻給中國「變法」的方案。〔註130〕從第五卷開始，《教會新報》在編輯體例上有了很大的改進，由分條散錄改變爲分欄編排，即將稿件按內容歸類。其分類有四：（一）教事近聞；（二）政事近聞；（三）雜事近聞；（四）格致近聞。以其對中國之貢獻而言，則於變法之鼓吹及格致知識之介紹，功勞甚大。

第三○一期出版的《教會新報》，改稱爲《萬國公報》。爲何要改換名稱？據林樂知自言「既可邀王公巨卿之賞識，並可以入名門閨秀之清鑒，且可以助大商賈之利益，更可以佐各匠農工之取資，益人實非淺顯，豈徒『新報』云爾哉！」。〔註131〕換言之《萬國公報》不僅以教徒爲對象，而係以中國各階層的人爲對象；其目的不僅限於傳教，而在使中國官吏、商賈及農工得益。1875 年林氏發表〈中西關繫論略〉，對中國政治改革提出議論，自此而後《萬國公報》，成爲清末中國官吏士人之外另一股甚有影響力的「清議」。最後，林氏與志同道合的寓華西人共同組成「廣學會」，《萬國公報》日後成爲廣學會的機關報。

〔註128〕《林樂知在華事業與萬國公報》，頁 71。
〔註129〕《林樂知在華事業與萬國公報》，頁 73-78。關於《教會新報》尚可參考： "Christianity in Chinese Idiom : Young J. Allen and the Early Chiao-hui his-pao , 1868-1870" , in John K. Fair-bank. ed. *The Missionary Enterprise in China and America*（Harvard University Press 1974）.
〔註130〕王樹槐，《外人與戊戌變法》，頁 1-9。
〔註131〕《教會新報》，第六冊（台北：華文書局影本），頁 3296。

廣學會於 1887 年成立於上海,初名「同文書會」,至 1892 年始稱「廣學會」。設立的目的以編譯新書,介紹西洋文化為主,因此在基本上可說是一個出版機構。在稱同文書會時期,廣學會的工作,就地域而言,僅限於上海一隅,當時祇有《萬國公報》能行銷各省;就工作方面而言,也祇有印書、贈書及售書,但到 1890 年代中期以後,該會出版的各種書報,不但在上海暢銷,且流通到中國各省及海外華僑,翻印盜版者亦甚多。從同文書會成立(1887)到 1895 年,廣學會共譯書「百有餘種」,初期以花之安所著《自西阻東》最受歡迎;1894 年甲午戰後,暢銷書則為《萬國公報》、《中東戰紀本末》及《泰西新史攬要》,〔註 132〕此種現象表現出時人對時務、交涉等政治問題,日益關心,也意味著中國知識分子對西方有進一步的認識。

廣學會刊行有關美國政教、社會、經濟之文章,並不多見。大抵有李提摩太(Timoth Richand 英人)於 1893 年所撰〈駁美國苛例書〉;林樂知於 1894年所撰的〈中美關繫論略〉及次年譯介的〈美國福世德國務卿語錄〉;李佳白(Gllbert Reid 美國人)於 1890 年所撰〈中美友誼〉、〈近時華美相交說〉。除此之外,綜論歐美各國之文,時為多見。〔註 133〕

(三)醫藥事業:早在 1834 年美國派遣第一位傳教士醫生到中國來活動之前,基督教分會就深信醫藥事業是在海外傳教的最佳手段。美國傳教士伯駕(Peter Parker)於 1835 年於廣州成立的眼科醫院,即是為了傳教目的,伯駕從政以來,該醫院由另一教士兼醫生的卡爾(J. G. Kerr)接辦,幾達五十年之久,診治病人超過一萬名。〔註 134〕1900 年以前美國系統的教會醫院,在中國約有三十餘所,分佈於廣州、上海、天津、南京及九江等處。〔註 135〕此外,對於社會福利工作,外國傳教士亦頗熱心,如創辦痲瘋病院,勸人戒除鴉片,宣傳婦女解放纏足,以及募款賑災等等。〔註 136〕

傳教士在中國醫藥事業上,客觀上引介了西方的醫術、西藥及近代醫院制度,並將西方醫學教育傳入中國。在 1846 年,跟隨美牧師伯朗(Samuel R.

〔註 132〕關於廣學會的出版情形,可參考梁元生,《林樂知在華事業與萬國公報》,頁 99-103。

〔註 133〕廣學會出版有關西方政治、經濟、社會等濟世之論者,可參考王樹槐,《外人與戊戌變法》,附錄:〈廣學會刊行的經世文章及書籍表〉。

〔註 134〕李抱宏,《中美外交關係》,頁 123;李定一,《中美早期外交史》,頁 622。

〔註 135〕顧長聲,《傳教士與近代中國》,頁 275。

〔註 136〕李抱宏,《中美外交關係》,頁 124。

Brown）到美留學的學生之一黃寬，在美國高中畢業後即赴英國蘇格蘭，考進了愛丁堡大學醫科實習。1857 年回到廣州博濟醫院行醫，成爲我國第一代西醫，1862 年黃寬參與了該院培養中國學生習西醫的教習工作。美國傳教士對中國西醫及西藥事業之發展，實大有貢獻。〔註 137〕

　　上文曾提到洋務官僚在自強實業新政上與傳教士有密切合作的機會，如廣方言館、同文館、江南機器製造局等多延聘傳教士爲教習，其中不乏是美國傳教士。李鴻章曾資助林樂知開辦中西書院，張之洞曾經援廣學會。〔註 138〕早期維新份子與美國傳教士亦有密切之關係。例如王韜，他於 1848 年到上海，1860 年美國傳教士林樂知抵上海時，就曾隨王韜治中國文學、哲學。暇時林樂知就爲王韜講述西洋歷史、輿地之學。王韜撰《美志》，就經過林樂知的審定。〔註 139〕又如鄭觀應，他曾和美國傳教士李佳白討論過「新學」。何啓則出身基督教家庭，其父何福堂爲中國早期有名的牧師，屬英國倫敦會，何啓先後在英美受過醫學教育。〔註 140〕再者如康有爲、梁啓超受美傳教士林樂知、李佳白和英人李提摩太等人影響甚深。除了受到「萬國公報」和各西學書籍的啓發外，康、梁於 1895 年在京組織「強學會」時，結識李佳白和李提摩太。康有爲對寓華西人的著述，認爲乃西學之圭臬，甚至將《泰西新史攬要》、《時務新論》、《列國變通興盛記》等廣學會書籍進呈御覽。〔註 141〕梁啓超在《時務報》初期發表的言論，不少是剽竊《萬國公報》的文章，〔註 142〕由於沒有註明轉載，引起林樂知及「萬國公報」作者頗多不滿。同時他所撰的〈西學書目表〉，選錄廣學會書籍二十二種，認爲最佳者爲李提摩太的《泰西新史攬要》及林樂知的《萬國公報》，〔註 143〕梁氏能將這些書籍推薦與人，自必曾經閱讀及認爲所言有益。凡此可見國人經由美傳教士之介紹獲悉美國歷史文化

〔註 137〕《傳教士與近代中國》，頁 276。

〔註 138〕梁元生，《林樂知在華事業與萬國公報》，頁 111。

〔註 139〕湯志鈞編，《戊戌變法人物傳稿》卷 9，李提摩太、林樂知、李家白合傳，（北京：中華書局，1961）。

〔註 140〕可參見 Paul A. Cohen , "Littoral and Hinterland in Nineteeth Century China : The'Christristian'Refromers." in John K. Fairbank ed., *The Missionary Enterprize in China and America.* p. 201。此篇文章舉出出身教會學校或基督教家庭的維新人士，除何啓外，尚有容閎、馬建忠、馬良、唐景星、鄭觀應。

〔註 141〕康有爲西學知識的淵源，可參考第五章第二節。

〔註 142〕梁元生，《林樂知在華事業與萬國公報》，頁 111。

〔註 143〕《戊戌變法文獻彙編》，冊一，梁啓超，〈西學書目表〉。

之知識。

　　美國傳教士對中國的貢獻，亦正如中國勞工對美國的貢獻一樣，是兩國人士不容忽視的史實，前者在美國受到排斥，即是「僑案」；後者在中國也引起糾紛，即是「教案」，詳於下一章節說明之。

第五章　變法改革時期（1875-1900）

第一節　朝野對美國觀感的轉變

　　前文所述中美文教往來之鼎盛，此爲蒲安臣代表中國出使各國之後，造就中美友好關係的頂點，其後美國對華態度有日益與中國疏遠而傾向日本之勢，直至中日甲午戰爭之後，日本暴露侵華野心，始漸改弦易轍。〔註1〕前所述留美學生之派遣，華工赴美及美國教會在華之事業，原係爲中美文教交流

〔註 1〕蒲安臣代表中國出使各國時，爲美國對華親善態度之頂點，自此而後逐漸轉變，日益與中國疏遠而傾向日本。歸納其原因如下：其一爲，日本變法維新、廣聘外國顧問，美國人受聘者不乏其人，一方面復派遣大批學生出國留學，其中在美者人數頗多，此等日本學生年齡皆較其時中國留美學生稍長，且衣飾習俗盡皆模仿西人，而中國學生則要求剪辮尚且不許，此事使美國人民對於中、日兩國之觀感，本已不同。中國雖力圖維新自強，但以廷臣中頑固派之牽制，進步不及日本之速。其二，中美因雙方僑民問題發生爭執，而日、美之間初無此類糾紛，美國自易厭惡中國而親近日本。其三，自中日發生朝鮮問題之爭執後，美國不明日本之侵略野心，每謂中國恃強壓迫朝鮮，日本仗義扶助弱小之鄰邦。至中日甲午戰爭之後，日本侵略中國獨霸遠東之野心完全暴露，於是復轉向中國而疏遠日本，故中、日之戰對於中、美、日三國關係之變更，有相當大的影響。參考李抱宏，《中美外交關係》，頁 134-135；Miram S. Farley , *American Far Eastern Policy and the Sino-Japanese War*（N. Y. Institute of Pacific Relations , 1938）Akira Iriye 於其 *Across the Pacific : An Inner History of American-East Asia Relation*（New York :Harcourt , Brace & World ,Inc. ,1967）一書中，也指出日本自明治維新走向西化後，日本朝野幾乎一致認定美國爲西化的導師，日美之間較之中國和美國，有較多建立友好關係的機會，即使是甲午戰後，日本已暴露侵華野心，仍有許多美國人傾向親日。

及人民相助之表現，此一時期亦轉變爲中美兩國僑民之爭執，在美國爲排華運動之產生，影響所及亦造成清廷將赴美留學生遣送回國的主要原因之一；美國僑民在中國，主要係傳教士與中國人民之衝突。這些事件使得中國素來對美國之友誼有極大的轉變。即使在甲午戰後，列強在中國爭相劃分勢力範圍之際，美國發表了門戶開放通牒，主張各國開放在中國的勢力範圍，維持在華商工機會均等及中國領土完整性，〔註2〕但是中國朝野對於美國及其門戶開放政策似無好感，甚至予以強烈的批評。本節係針對此一時期國人對美國之觀感，做一說明。

一、排華運動與國人對此事件的認識

早在 1853 年，加州州長畢加勒（John Bigler, 1852-55）在一次特別演講中，侮辱中國人爲契約的苦力工人，籲請議會禁止中國人繼續移民。當時富種族歧見的白種人，常高呼「加利福尼亞乃美國人所享有」，畢加勒即是這種狹隘思想的代表。自此之後，白種工人歧視華人之事，益趨激烈。〔註3〕1869 年 9 月中太平洋鐵路完成，約有九千之多的華工原投入此一鐵路工程，不得不向美國其他事業方面另覓工作。同時美國發生經濟恐慌，美國產業界均縮小工作範圍，減低工人薪資，逐予華工一良好之機會，而美國工人及其他白種工人因美國內戰之後生活程度提高，無法與廉價華工競爭，極端妒忌，於是乃激起大規模的排華運動。由於中國人多數集中在加州，加州遂成爲排華運動的中心。再者，由於美國的民主選舉制度，投機政客每每爲了拉攏工人黨的支持，不惜違背良心，罔顧道義喊出反對華工的口號。特別是當共和和民主兩黨實力互相伯仲之際，候選人更需極力討好美國工人，只求選舉勝利。華工問題也因此時常捲入美國總統選舉的漩渦。1876 年的總統大選，共和民主兩黨都把華工問題列入他們的競選黨綱，〔註4〕排華問題不僅成爲地方性政爭的主題，且擴展至全國，愈演愈烈。

美國排華運動，可分爲兩大主題：其一，地方性的暴力排華。其二，美國政府立法排華。

〔註2〕 兩次開放門戶通牒原文見 *U. S. Foreign Relations*，1899，pp.131-133; 1900，P.299

〔註3〕 劉伯驥，《美國華僑史》，頁 474；另可參考蔡石山，〈華工與中美外交〉，《美國研究》第三期，（中央研究院美國文化研究所集刊）。

〔註4〕 參考李定一，《中美早期外交史》，頁 496；蔡石山，〈華工與中美外交〉，《美國研究》第三期，頁 205。

　　地方性的排華運動，以加州爲主。早在 1850 年開始，加州議會即歷次通過排華法案，但皆被聯邦法院及加州法院，判爲違反憲法，宣告無效〔註5〕於是另闢途徑，一方面竭力攻擊華人，一方面再三向國會請願要求限制華人入境。1877 年元月，加州發生經濟恐慌，失業人數增加，白種工人因之遷怒華工。時有一愛爾蘭人名堅尼（Dennis Kearney）的工人，經常集合白種工人開會，鼓勵排華事宜。1877 年七月二十三日發動大規模排華暴動，焚燒華人住所、攻擊華人，暴動持續三日之久。十月，堅尼等人進行組織工人黨（Working' Party），以驅逐華人爲號召，並公然攻擊政府，蓋因聯邦政府否認其合法舉動。自此以後，加州政客集中力量要求美國政府修改〈蒲安臣條約〉中有關華人移民入境之規定。自此以後，地方性的非法排華運動，逐漸轉變成美國政府立法的排華政策。〔註6〕

　　就在加州排華如火如荼之際。1876 年中國應邀參加費城博覽會，與會者李圭著有《東行日記》，爲國人首次較翔實報告僑美華人生活情形，及遭受凌虐實況。僅摘錄部分如下：

　　　　洋人中有所謂愛利士（按：即愛爾蘭人）者，最爲狡悍，日得工資，
　　　　多以醉酒；喜滋事，遂令一會，專欲阻礙華工。故華工呼爲會黨，
　　　　欺凌毆辱，皆出若輩。……（華人）近來到埠，每年約數八千，回
　　　　國數約五千，以故逐年增多，美又無禁人入境之例，是雖阻礙，終
　　　　難過止，故百計欺凌恫嚇，意在傳播中國使航海者自相裹足。然美
　　　　之正人，亦未嘗不欲呵護，無如彼黨人多，勢所不敵。今春誣元館
　　　　買人作工，取利肥己，及私設衙門等事，曾申詳美京，力請禁止華
　　　　人入境，迄未批覆，不審有所善處否？〔註7〕

另外，粵督張之洞對三藩市僑民受虐待之苦狀，有所謂「十苦」、「六不進人情」與「七難」，美國排華使得華僑「留不能留，歸不能歸」，「既屬可憫，又多隱憂」。〔註8〕

　　直到 1875 年，清廷對於在美華工情形，尚未十分熟悉，對於古巴及秘魯

〔註5〕　1850 年至 1880 加州市議會所提議之排華法案約有十五起之多，可參看劉伯
　　　　驥，《美國華僑史》，頁 522-525。
〔註6〕　1877 年 7 月 23 日發生之暴動，三藩市警察年報稱爲「暴動夜」，持續有三日
　　　　之久。詳見劉伯驥，《美國華僑史》，頁 500-504。
〔註7〕　李圭，《東行日記》，小方壺齋輿地叢鈔十二帙。
〔註8〕　見《清季外交史料》，卷 67，頁 6-8。

兩地華工受辱情形，則略知梗概，中國之所以派遣公使駐紮美國，主要係爲
保護古巴及秘魯兩處僑民，其次爲「取程前進、逐層開辦」、「合辦三國事宜
爲較便」。總督奏請派使之理由：

> 誠以秘國、日國（按：即西班牙、時古巴屬西班牙）於華工多方虐
> 待，若不派員駐紮，隨時設法拯救，不無以對中國被虐人民，具令
> 各國見之，亦將謂中國漠視民命，未免啓其輕視之心……古巴境地
> 暨秘魯國之地，均與美國相近，秘魯凌虐華工情事，曾經美國使臣
> 據詞代向臣等申訴，其對日國招工事件，亦持公論，且近年奏選學
> 生出洋肄習西學，所駐哈富，即係美國境地，亦有交涉應辦之件。
> 此時欲遣使日國、秘國必先遣使美國，方能取程前進，逐層開辦，
> 是美國及日國、秘魯遣使一層，均難稍緩，而三國同時遣使不易驟
> 得多人，似以請派使臣二員，合辦三國事宜爲較便。〔註9〕

1875 年十二月十一日，清廷正式派陳蘭彬爲出使美日秘國欽差大臣，容閎爲
幫辦。陳蘭彬於 1878 年六月由上海出發，至九月始向美總統陳遞國書〔註10〕
其在三藩市逗留幾達一月之久，對當時加州排華情況有極深刻的印象。據其
《使美記略》摘錄如下：

> 惟埃利士工人會黨肆意欺凌。其人由英之阿爾蘭島源源而來，入美
> 國籍，且得與舉官之列。從前諸務草創，市肆、街衢、船廠凡百萬
> 人。又周迴數萬里，興造火車鐵路，各食其力，群可相安。自礦金
> 漸竭，輪路告成，羈寄日多，工值日減，遂蓄志把持，妒工肄虐。
> 而各國人皆有領事保護，兵船巡遊，不敢逞志，故專向華人。始猶
> 毆辱尋仇，近日擾及寓廬，潛行焚掠。始猶華傭被虐，近且偪勒僱
> 主，不准容留；而又設誓聯盟，斂貲謠煽，欲使通國附和，盡逐華
> 人而後已。其黨魁復聲氣廣通，詭謀百出，現在該處未結之案約數
> 百起，監押者數百人。而所設新法，如住房之立方、天氣、寄葬之
> 不得邊連，告狀之不許華人作證及割辦罰保等例，均於華人不便。
> 憶甲戌（1874）回華，路經此間，停轄數日，曾不料轉瞬變局至於
> 此極也。〔註11〕

〔註 9〕 見《清季外交史料》，卷 4，頁 17-18。總署奏請派員出使美日秘國保護華工摺。
〔註10〕 見《清季外交史料》，卷 14，頁 31-32。使美日秘陳蘭彬等奏報抵美呈遞國書摺。
〔註11〕 陳蘭彬，《使美記略》，小方壺齋輿地叢鈔十二帙。

但他向朝廷的奏摺，報告華工在美之情形，僅籠統說出美人排外，「交涉日幾
於無日無之」，對於三藩市暴行及美國朝野正孕釀的排華運動，卻隻字未提。
其奏摺云：

> 查華人僑寓美國各邦，共約十四餘萬，在金山一帶已有六萬之多。
> 近來士人及外來洋人，積不相能。現未結之案有二百餘起，監禁者
> 三百餘人，交涉日幾於無日無之，臣等呈遞國書後，應即知照該外
> 部，派設中國領事，妥爲保護。〔註12〕

陳蘭彬的報告，並未能充分說明美人排華實況，其上任後，對美國朝野的排
華，亦無多大的影響。

　　1880 年 7 月，美國派遣安吉力（James B. Angell）使團來華修改條約。清
廷派寶鋆、李鴻藻二人「爲全權大臣，與美國使臣商議修約事件」，〔註13〕美
方即提出一份備忘錄，聲明此次來華之目的，大意謂近年華人赴美者日眾，
因工資低廉及不願改變原有之服飾、語言、習慣，以致與本國人民殊難相處，
衝突時起，若長此以往不謀解決，必致礙及兩國邦交，故遣使來華冀與中國
政府修改前訂條約中之移民條款，庶可永杜此種糾紛之來源。〔註14〕寶鋆及
李鴻藻即答覆，強調過去華工對美國加州開發之貢獻，目前貴國人民卻因工
良價減爲攻擊華人之理由。昔日貴國需要華工時，惟恐華人之不去，今則因
工資競爭之故，排斥猶恐不及。此舉不僅與貴國憲法不符，而且違背 1868 年
之中美條約。「總理衙門已於上年與貴國公使西華德討論禁止某種華人之赴美
辦法。使團今既討論此事，中國自亦願爲之。但不得與〈蒲安臣條約〉規定
有相悖之處」。〔註15〕由此段對話，可看出寶鋆、李鴻藻二人對美國排華之實
際情況，相當瞭解，美使安吉立等竟謂華方措辭不合，有指摘美國政府之意。
美國旋提出條約草案，規定美國政府管理、限制、暫停、或禁止華工之入境。
因清廷反對「禁止」辦法，美方遂聲明取消「禁止」字樣。〔註16〕〈中美續
修條約〉於同年十一月十七日雙方簽字，第一款規定，當華工前往或在美國
各處居住，實於美國之利益或國內安定有所妨礙時，中國同意美國得規定
（regulate）、限定（limit）或暫停（suspend）華工之入境及居住，惟不可絕對

〔註12〕《清季外交史料》，卷 14，頁 32。
〔註13〕《清季外交史料》，卷 22，頁 17。
〔註14〕*U. S. Foreign Relations*, 1899, pp.171-173。
〔註15〕*U. S. Foreign Relations*, pp.174-175。
〔註16〕《清季外交史料》，卷 24，頁 8-10。

禁止（Prohibit）華工之赴美或居住。〔註 17〕從此，美國的排華運動，自社會行動進入政府社會共同行動時期。

　　1882 年（光緒八年），美國國會通過限制華工法案（The Chinese Restriction Act）結束了華工自由移美時期，該法案有以下重點：一、十年內禁止華工入美；二、所謂華工，包括礦工，技術及非技術工人；三、華工離美者需在海關登記領證，以為回美之據；四、依約得赴美之華人，須憑美國駐華使領簽署之護照入境。這依法案經過屢次的補充修正及兩度十年展期後，復於 1904 變為永久有效，直至 1943 年方始廢止。第一次修正在 1884 年，將該法之效力推及於所有中國籍民與中國人，不論其籍隸中國或任何其他國家；將「華工」之定義擴大解釋，包括小販、洗衣者、果販、漁撈作業者；華裔及遊客入美，需預報其財產狀況及前往地點。〔註 18〕

　　當美國政府與國會採取一連串的排華行為時，部分美國人民也以殺掠焚燒驅逐種種暴行加於華人。自 1855-1876 之二十年間，殺害案件達二百六十二件，〔註 19〕自排華法實行後，此種暴行更多，規模更大，情狀也益慘烈。自 1885 年到 1886 年初之間，美國西部各地如加州、俄勒岡州（Oregon）、以及華盛頓屬地（Washington Territory）、外俄明屬地（Wyoming Territory）等地，一連串發生排華運動，各地華工，備受凌虐，其中最殘酷的莫過於 1885 年九月二日發生於外俄明屬地石泉城（Rock Spring）的大慘案，一次殺害華人二十八名，重傷十五名，財產損失十數萬美元。〔註 20〕

　　「石泉慘案」發生後，當時駐美公使鄭藻如有鑑於華僑在美，「迄今未滿半年，而焚燒驅逐之禍，竟已層見疊出，如火燎原，撲不勝撲。其尤險者，金山會黨，製造炸藥，謀先殺本地官紳，後殺華民。」因此他提出了與其「留此而自貽日後之憂，不如去此而暫受目前之苦」的「自禁政策」。〔註 21〕即由

〔註17〕《清季外交史料》，卷 24，頁 12-13。英文原文見 *U. S. Foreign Relations*，pp.177-178。

〔註18〕張武存，《中美工約風潮》，頁 314。

〔註19〕美國希黎氏、新寧任盤照輯，新會陳振先譯（抄本），《非禁說》，〈旅美華人殘狀記〉。

〔註20〕詳見劉伯驥，《美國華僑史》，頁 511-513。另可參照朱士嘉，《美國迫害華工史料》（北京：中華書局，1958），頁 73-108。

〔註21〕鄭藻如於 1881 年 11 月 4 日到任，見《清季中外史領年表》，近代中國史料叢刊三編十六輯，（文海出版社）。引文見《清季外交史料》，卷 79，頁 32-33。1866 年 1 月 20 日鄭藻如函呈總督。按鄭藻如乃接受駐三藩市領事歐陽明之意

中國政府擬定禁止華人赴美的政策。他認爲：

> 現在情勢，各處殺機陸續萌動，縱一時暫能遏抑，而終久必難保全，縱別境可望相安，而西境必難無事，況其國（美國）法律大寬，地方官之權不能盡行於百姓，朝廷之權又不能盡行於地方官。誠恐今日各案，不過先示其端，異日禍端更難測矣！〔註 22〕

所以「爲今之計，欲免華工後禍，似先杜來源不可；欲杜來源似非中國自禁不可」。他認爲自禁華工的意義有五：

> 愚民自投陷阱而我設法以閉之，事屬保民，籌辦宜急，一也；西人輕藐華民，謂非來洋，無以養命，令我自禁，以示無求，於彼可爭體面，二也；我國毅然自禁，隱示不相甘服之情，美國君相或者自然力圖整頓，則留美華人皆受其益，三也；美民聞我自禁，怨毒亦可稍平，四也；華商財產身家，皆在美國，非收盤不能旋里，而收盤之法，必須以漸而退，否則大傷。今華工不來，則美民之因華工而並惡華商者，或可稍釋，五也。〔註 23〕

總署對鄭藻如的建議「嘉納照行」，其目的在「遠禍機而保生命」。〔註 24〕

中國政府採行「自禁政策」，正與美國朝野意旨一致。1886 年 6 月，總署即正式向美國公使田貝（Charles Denby）表示中國擬與美國訂約自行禁止華工赴美，〔註 25〕同時並以美國不遵守條約保護華工與中國之嚴守條約保護美僑的行爲做一比較。是年四月，駐華公使張蔭桓乃向美國國務卿柏雅德（Thomas F. Bayard）提出移民與保護兩事，希望以中國自動禁止華工赴美爲條件，以交換美國政府保護現在美國的華工，柏雅德即提出一條約草案。1888 年三月十二日，所謂〈保護限制約章〉遂在華盛頓簽字。〔註 26〕但此條約中美雙方最後均未能

見。見崔國因，《出使美日秘國日記》卷三十，近代中國史料叢刊第二十八輯。

〔註 22〕《清季外交史料》，卷 79，頁 33。

〔註 23〕《清季外交史料》，卷 79，頁 35-36。

〔註 24〕《清季外交史料》，卷 79，頁 28。

〔註 25〕「多羅慶郡王致田貝欲自禁華工赴美請轉知外部照會」（光緒十二年七月初四），見朱士嘉，《美國迫害華工史料》，頁 120。

〔註 26〕〈互保限制約章〉要點爲：一，禁止華工赴美二十年。二，有父母、妻室、兒女在美或有一千美元財產或同數目債款者，得自由往返中美之間，三，此條約專爲華工而設，不與傳教、學習、遊歷諸華人等寓美利益有所妨礙。四，美應盡權力保護在美華人身命財產。五，美國政府願與歷年華人在美所受損失償付 276,619.75 美元。六，自換起六個月內，若彼此不停止限禁之意，則限禁再延長二十年。見《清季外交史料》，卷 79，頁 36-38。按：此書稱此約爲前使臣鄭

批准而成廢約，原因係此一條約在中國公佈後，引起各方指摘。如李鴻章即希望總署「設法批駁，暫緩互換」，他電告總督稱：「張新使續訂新約，禁華工在美，限二十年爲期，較光緒六年（1880）續約內稱，並非禁止前往者大異。聞各口謗怨沸騰，徧布說帖，輿論甚譁，皆盼此約不批准互換」，〔註27〕由於輿論的抗議，致使清廷暫緩批准，但在美國即已傳聞中國拒絕批准該約，美國政府亦競相刊載此一消息。由於美國總統大選在即，民主黨全國總統競選委員會主席奎福瀾總統（Grover Cleveland）之友史柯迪（William L. Scott）爲爭取西岸選票，〔註28〕在衆議院提出一項法案，絕對徹底禁止所有華工赴美，立即在衆議院與參議院通過，即著名的〈史柯迪法案〉。其要點爲：「凡華工無論前曾在美、或現時、或將來，一離美境，均不准復來居住；其或新例未行之前回華尚未回美者，概不准復來」。〔註29〕

〈史柯迪法案〉提出時，張蔭桓在秘魯。得報即（1888 年 9 月 4 日）電總署，希望將中國暫不能批准新約的原因告知美使田貝，囑其轉告美國政府。〔註30〕及至〈史柯迪法案〉在國會完成立法手續咨送總統後，中國駐美使館參贊赴國務院探詢，據答稱「總統甚顧邦交」，不至速於批准。故張蔭桓電總署對「新約准駁均宜早決，以佔先著」，〔註31〕總署覆張蔭桓令其將中國方面修改意見三點直接向美方提出。此三點爲：

一、此約雖兩國意見相同，而百姓不服，如能酌減年限，稍慰其心，辦法更順手。限滿，兩國以爲不必更動，僅可展期。

二、第二條大致妥協，惟訂約以前回華之工，如有眷產，亦可稟報中國領事，補給憑批回美。

三、回華工人在美財產不及千元者，作何辦法，亦應商及。〔註32〕

藻如所訂，係誤記。按鄭藻如於 1885 年 7 月 26 日以病辭，繼任駐美公使張蔭桓於 1866 年 4 月 27 日到任。又據同書卷 79，頁 27，張蔭桓於 1888 年 3 月 12 日稱是日訂〈互保限制約章〉。故此約應是張蔭桓與美方所簽。

〔註27〕《清季外交史料》，卷 76，頁 38。

〔註28〕奎福瀾爲自 1861 年以後美國第一位民主黨總統，亦爲惟一連任之兩任總統。1860 年以後民主黨有近二十餘年爲在野政黨，奎福瀾第一次任期爲 1885-1889。第二任爲 1893-1897。中間隔有共和黨哈利遜（Benjamin Harrison）總統。

〔註29〕《清季外交史料》，卷 79，頁 38。

〔註30〕《清季外交史料》，卷 79，頁 32。

〔註31〕《清季外交史料》，卷 77，頁 3。

〔註32〕《清季外交史料》，卷 77，頁 33。

　　美方對中國所提之修約意見，絲毫不予理會，十月一日美國總統竟行簽署〈史柯迪法案〉。所謂〈保護與限制約章〉宣告作廢，中國以自行限制華工赴美以交換美國保護留美華人的政策終告失敗，於是華工兩萬多被迫返國，六百餘在回美途中的華工則被拒入境，而在美者亦不敢離開美境回訪家園。〔註33〕

　　張蔭桓自秘魯返美後，連續向美國政府提出抗議，迄無結果，他分析美國情勢，認爲挽回之希望已極微薄。他說：

> 現新約已廢，美例自行。凡華工入境，假道均窒。臣詰問外部，語多枘鑿，已深焦憤。……臣詳查美國立例之故，聚訟經年，幾於牢不可破，此次新約，原期預遇其謀，約成美西各省詆毀外部，繪爲書報，甚於華報之詆。臣蓋以華工有經手帳目，千金仍得往來，以爲浮泛，此美之故智也。美議院則以舊例紛如，莫杜華工機巧，授權關吏，而假照寖多。授權駐華領事，而含混不免。又不便自鳴其短，因一意歸惡華人，不顧舊約，不候再商，悍然立例禁絕，此非紳之心計也。適當總統舉代之際，現任總統俯合眾情，遽爾批准，明年二月新總統接任，此項新例，美國西省議紳蓄意已久，一旦得遂其志，勢必以全力持之，能否轉圜，誠不敢必。〔註34〕

1889年9月，張氏再照會新任國務卿布勒恩（James G. Blaine），聲明中國政府「仍視新約爲懸案，正等待美方對上年（1888）九月二十五日中國所提補充意見之答覆」，〔註35〕中國的一切抗議，美國政府根本置之不理。九月二十五日，繼任「出使美日秘國欽差大臣」崔國因到任，〔註36〕張蔭桓返國。

　　崔國因上任後，循例向美國提交涉，但在整個哈里遜總統任內（Benjamin Harrison 1889-93），美國政府幾乎完全不理會中國駐美公使的抗議，〔註37〕1892年美國會通過更嚴厲的排華法案，通稱爲〈基瑞法案〉（Geary Act），其目的已不在禁止華工入美，乃在如何合法地驅逐留美華人。該法案要點如下：一，所有在美華人均屬非法入美之犯罪者，除非能證明其無罪；二，所有華人，即令

〔註33〕 S. W. Kung , *Chinese in American Life*（Seattle , 1962）p.85。

〔註34〕 《清季外交史料》，卷79，頁33。

〔註35〕 *U. S. Foreign Relations* , 1899 , p.132。

〔註36〕 據崔國因，《出使美日秘國日記》卷1，日期載到9月25日到任。據《清季中外史領年表》，美國使臣年表，所載爲9月28日到任。

〔註37〕 Tyler Dennett , *Americans in Eastern Asia* , p.547。

是成為其他國家的公民，亦不得入美國國籍；三，華人必須登記持有照片之卡證。〔註38〕法案通過，全美華人驚慌騷動，籌款起訴，期由法院廢止此法，然終無效。

　　崔國因公使深知在「美國交涉以保護華人為首要」，但華人「不入美國之籍，以致不能操保舉總統、議紳、地方官之權，其勢遂不能與入籍之工黨相敵」。故「美國每逢公舉總統之年，美國官紳必增限禁之例。」所以主張今後對美交涉應力求爭取華人可入美籍。他說：

> 臣駐美三年，無日不思挽回大局，故詳考美國與各地約章以為將來換約地步。查美與英與丹馬（丹麥）均有各准民人入籍之約；與英與法與日均有互交逃犯之約，與夏威夷則有報施之約，此故可以一體均霑者。如華民入美籍，則操保舉之權，自總統以至議紳，均有所瞻徇，何至公然議逐華民之不安分者？如可互交逃犯，則中國自可刑暴詰奸，何至以外國境地為逋逃藪？何至於上海租界之地訊案必會同洋官？如何與約報施則彼之重稅苛虐於我者，我可以抵之還之；我之輕稅優待於彼者，責彼以稱施報之。其中最不公平者莫如兩國入口之稅：我之所徵於彼者太輕，彼之所徵於我者太重，雖為約所限，然當徐思變計，以求裕帑而裕商也。此臣通籌中美交涉之情形也。〔註39〕

繼任公使楊儒於 1893 年九月三日到任。總署希望他能「力圖轉圜」，最好能廢除〈史柯迪法案〉；「不得已亦應照十四（1888）已定未成之約，權宜損益，藉此收束，以顧僑氓而清積案。」。〔註40〕楊儒於 1893 年十一月初即照會美國，要求談判，一個月後，國務院接見楊儒展開談判。〔註41〕次年，清政府與美國簽訂限禁華工保護華民條約，條約共計六款，除准離美華工之有父母妻子或一千美元以上之財產或債權在美者得可回美外，中國從「並非禁止」的立場退卻，承認美國的排華法律，允自換約之日起十年內禁止華工入美，在美華工仍須註冊登記。〔註42〕可見美國政府在1894年新約的收穫頗大。而

〔註38〕據崔國因報告，〈基瑞法案〉並未嚴格執行，其言曰：「新例至今未行，各地分官並未逼迫華人領照註冊，華人不領照註冊，亦未敢迫以拘拿監逐。」見《清季外交史料》，頁 1，1893 年，10 月 13 日總署收到。
〔註39〕《清季外交史料》，卷 88，頁 2。
〔註40〕《清季外交史料》，卷 88，頁 24。
〔註41〕此次中美談判經過，見《清季外交史料》，卷 88，頁 23-25；卷 89，頁 30-34。
〔註42〕見《中美條約彙編》，頁 133。

反觀清廷對此次訂約亦甚表滿意。認爲：一，限禁華工赴美，由二十年改爲十年；二，華工可以假道美國赴他國；三，「互交罪犯一層尤爲切要……寓美華民知所畏懼，中國法令既可行之海外，於保護之中，仍寓約束之意，最爲周到。」〔註43〕儘管如此，美國政府並無誠意遵守條約的義務，華工在美並未受到應有的保護。及美國佔領夏威夷、菲律賓後，先後於 1898、1900 將排華法律推行於該兩地區。1902 年復將現行排華法律再度延長，在夏威夷、菲律賓的華工不准入居美國本土，不准在兩群島間往來，菲律賓華工須在本法生效後兩年內註冊，否則遞解回國。〔註44〕

　　清廷對於美國這種無理的排華行爲提出一連串抗議，但皆歸無效，1894 年簽訂限禁華工保護華民條約時，夏威夷、菲律賓尙不屬美國，清廷也無此預料。並且美國禁止華工的因素——對白種工人工作機會的競爭——在夏、菲地區並不存在，因之美國根據條約所訂立的排華法律只可實施於美國本土，不可推行於夏、菲地區；美國不與中國協商和同意，擅自將排華法案施於條約未規定之地區，係違背國際法律及有礙兩國友誼之舉，〔註45〕再者，美國對於日本、馬來、暹羅等亞洲人與夏、菲之移民並未予禁止，而獨禁華人，無異貶低中國人的地位。〔註46〕

　　上述美國對華人的歧視、凌辱，至排華法案的制定，中國政府一再抗議，皆歸無效。美國政府所關心的是如何排華，對如何保護華人的條約義務，則力事規避。此使得中美之間素有的親善友好關係有了極大的轉變。中國人民對於美國的排華舉動，所孕釀而來的憤恨便是以抵制美貨作爲報復。1905 年中國爆發全國性的抵制外貨運動，而其對象——即是美國，〔註47〕此是中國第一次全國性的抵制外貨，其不施於首先打開中國門戶、控制中國大部分地區的英國、不施於領土掠奪者俄國，反加諸於比較和平的美國。美國長期的排華問題，即是關鍵性的因素。而僑居美國的華人，一直遭受到不平等待遇，這種情況到第二次世界大戰後才開始改變。〔註48〕

〔註43〕《清季外交史料》，卷 107，頁 31。
〔註44〕《約章成案匯覽》（北洋洋務局纂輯，上海點石齋承印，光緒三十一年）乙篇，卷 30 上，頁 21，〈美國議定限制華工新例〉。
〔註45〕 *U. S. Foreign Relations* , 1899，p.204，pp.207-208。
〔註46〕 *U. S. Foreign Relations* , 1899，pp.202-204；1902，pp.213-214。
〔註47〕詳見張武存，《光緒三十一年，中美工約風潮》。
〔註48〕二次大戰期間，美國爲了要粉碎日本「以黃抗白」的種族宣傳，在羅斯福總統的要求下，國會於 1943 年同意取消歷年來苛待華工的所有法律，而且規定

　　此外，此一時期駐美公使的派遣，除了對於華工問題之交涉外，對於目睹美國實際政治之現象，亦提出他們的看法。如張蔭桓談論美國國勢，欲中國援例效法：

> ……美國幅員，襟海負陸，大勢與中國同，其海防延袤東西兩洋，計其里數，不啻倍於中國，而氣象閒靜，四境晏然……美邦之簡靜無效歐土之張惶，炎炎大言，抑何切要？〔註49〕

他對於美國海防礮臺之設施，及輪船鐵路電線之建設極為稱讚，對美國共和政體，則含蓄說：「民政之國，權操自下，總統坐嘯畫諾而已」。〔註50〕

　　崔國因對於美國，則首先承認華盛頓開國百年以來，人民兢兢以仁義為念，所以立國基礎穩固，近年則非昔比，認為美國自私自大，朋黨相爭，三十年內無外侮，則必有內憂。他說：

> 美之君臣亦守華盛頓之規模，而兢以仁義為念，此其所以立國不搖也。今則非昔彼矣，其君臣有夜郎自大之意，其議院有俯視一切之心，其南北兩黨有莫能相下相為敵讎之怨。外交則睥睨一切，內治則畛域自私，揣美之大勢，三十年內不有外侮，必有內憂，外侮則受挫於強梁，內憂則興戎於兩黨。〔註51〕

駐美公使另撰有日記，多為描述美國富兵強，及各地見聞。〔註52〕

二、留美學生召回之經過

　　派遣幼童赴美留學，為洋務運動維新事業中的一大創舉。但當時朝中保守勢力仍大，事事加以阻攔。1881 年清廷將留美幼童遣返歸國，主要原因即守舊官僚從中作梗，另一因素是受美國朝野排華運動之波及。

　　籌辦留學事務之初，清廷所以派遣陳蘭彬為負責管理留美學生之正委員，其中之一的考慮是因陳氏為翰林出身，在刑部主事二十年，其受派遣可調和舊派之阻力。據容閎《西學東漸記》云：

> 丁撫旋之薦陳，蓋有深意，嘗謂余，君所主張，與中國舊說顯然反對，時政府又甚守舊，以個人身當其衝，恐不足以抵抗反動力，或

　　　　每年准許一百零五名華工移入美國，參見蔡石山，〈華工與中美外交〉，《美國研究》第三期，頁 221。
〔註49〕《西方及列強認識》第三輯，第一分冊，頁 256。
〔註50〕張蔭桓，《三洲日記》
〔註51〕崔國因，《出使美日秘國日記》，第三輯第二分冊，頁 643。
〔註52〕另外，陳蘭彬撰有《使美記略》，收入《小方壺齋輿地叢鈔》，十二帙。

竟事敗於垂成，故欲利用陳之翰林資格，得舊學派人共事，可以稍
殺阻力也。〔註53〕

陳氏既爲舊學派之人物，其思想自屬保守，與容閎的主張，多所抵觸，所以
留學事務所的停辦，與陳氏保守思想實有關連，此亦反應當時中國新舊黨派
爭辯之一斑。

幼童在美求學，年事漸長，耳濡目染，生活漸趨西化，故有剪除髮辮，
穿著西服，守禮拜，信耶教之舉，陳蘭彬遇此事每多不悅，對學生苛責極嚴；
而容閎則每多偏袒學生，日久齟齬漸生，致二人芥蒂益深。〔註54〕

1873 年因古巴招工、凌虐華人一事，清廷派遣陳蘭彬到古巴調查，次年回
京，以便匡助總督與西班牙談判。陳蘭彬回國後，李鴻章乃另派工部候補主事
區諤良繼之。區諤良亦粵人，乃翰林出身。「年力正壯，志趣堅卓，洋務亦頗講
求」，〔註55〕容閎自傳稱區諤良在職日期甚短，於 1876 年即調日本副使，實係
誤記。〔註56〕按區氏在職約四年，於 1878 年始奉調回國。據李鴻章奏稿，區氏
係 1875 年四月，奉派攜帶第四批幼童接替已於 1873 年離任之正委員陳蘭彬之
職務。至 1877 年，區氏尚爲留學生原訂經費不敷應用事，屢次向李鴻章要求增
加。至 1878 年秋，清廷任陳蘭彬爲首任駐美公使，容閎爲副使，始決定截減「駐
洋肄業局」人員。正副委員均撤銷，由駐美公使館參贊容增祥與副使容閎兼管
留學生之事。〔註57〕故而區諤良任職直到 1878 年冬爲止一事，極爲明確。容增
祥不久「丁憂回籍」，始由「出使大臣陳蘭彬奏派駐日國（西班牙），參贊侍講
銜翰林院編修吳嘉善（子登）前往接辦」，〔註58〕由此可見容閎自稱 1876 年區
氏辭職，陳蘭彬立即引用吳嘉善爲委員之事又係一誤。〔註59〕

吳嘉善出身於翰林編修，思想亦屬保守，自履任〈駐洋肄業局〉，其對留
美幼童之態度與陳蘭彬如出一轍，他並密奏總理衙門，非議容氏不當。吳嘉
善密奏要點：一，容氏不盡職責。二，任由學生放蕩淫佚，三，授學生以種

〔註53〕容閎，《西學東漸記》，頁 106。
〔註54〕具容閎所記，與陳氏之衝突，主要有五：一，學生在校或假期之費用事。二，
學生參加美人之家庭禮拜事。三，學生星期日至教堂瞻禮事。四，學生日常
運動事。五，學生日常服裝事。容閎，《西學東漸記》，頁 119-120。
〔註55〕《李文忠公奏稿》，卷 25，頁 13。
〔註56〕《西學東漸記》中，所載年代、史事錯誤者頗多，蓋容閎撰自傳時已年逾八十。
〔註57〕《李文忠公奏稿》卷 33，頁 35。〈調區諤良回國摺〉，1878 年 12 月 17 日。
〔註58〕《李文忠公奏稿》卷 42，頁 28。1881 年，12 月 7 日。
〔註59〕《西學東漸記》，頁 121。

種不應得之權利。四，學生好美國運動遊戲。五，嬉戲多於讀書。六，效尤美人入秘密會社，有宗教者，有政治者。七，習耶教科學，守主日學，叛依耶教。八，吳氏力言早解散〈駐洋肄業局〉，以免幼童他日無益國家，危害社會。〔註60〕容氏聞吳嘉善密奏，即去函李鴻章，力斥其非，其意謂：

> ……予乃知吳媒孽予短，因亦作書報文忠，書中略謂凡此捕風捉影之談，皆挾私恨，欲造謠生事，以聳聽聞，予固知造此言者，其人性情乖張，舉止謬妄，往往好為損人不利己之事，似此荒謬之人，而任以重職，實屬大誤。今彼且極力思破壞從前曾文正所創之事業。夫文正之創此留學事務所，其意固將為國家謀極大幸福也。吳子登其人者，祇宜置之瘋人院或肺病院中，惡足以任留學生監督。且舉薦吳者，實為陳蘭彬，陳亦怯懦鄙夫，生平膽小如鼠，即極細微之事，不敢擔負絲毫責任，予之與陳共事，無論外交方面，教育方面，意見咸相左……。〔註61〕

容氏稱吳嘉善「宜置之瘋人院或肺病院中」，可見兩人交惡之深，稱陳蘭彬「膽小如鼠」，與之「意見咸相左」。當時李鴻章對吳氏與容氏二人之密陳，採安撫政策，以求幼童他日學成歸國計，故於答覆陳蘭彬一信云：

> 容純甫來謁，言學徒拋棄中學，係屬實情，由於純甫意見偏執，不欲生徒多習中學，即令學館放假後正可溫習，純甫獨不謂然；弟擬致函純甫，囑勿固執己見，尚祈執事便中勸勉，令其不必多管，應由子登太使設法整頓，以一事權，庶他日該學童等學成回華，尚有可以驅遣之處，無負出洋學習之初意也……。〔註62〕

容、吳爭辯之際，適逢一部份學生申請西點軍校（Military Academy of West Point）及安納玻里海軍學校（Naval Academy in Annapolis）的入學許可，由於當時美國朝野的排華運動如火如荼地展開，遂至此二校「以極輕藐之詞，謂此間無地方可容中國學生」，而適時北京有一守舊派御史，因美國華工禁約之舉，乘機奏請即解散留學事務所，撤回留學生，以報復美國人之惡感。〔註63〕陳蘭彬與吳嘉善復進言，力主裁撤〈駐洋肄業局〉。其云：

〔註60〕《西學東漸記》，頁122。
〔註61〕《西學東漸記》，頁122。
〔註62〕《李文忠公全集》、朋僚函稿十九復荔秋星使。
〔註63〕《西學東漸記》，頁123。

現在該局總辦係侍講銜翰林院編修吳嘉善，教習係候選同知容思濟，
候選縣丞沈金午，各員皆不崇尚洋教，察出各學生弊實，亦節次撤遣
回華，不肯姑息，惟上年十一月，吳嘉善特來華盛頓，面稱「外洋風
俗，流弊多端，各學生腹少儒書，德行未堅，尚未究彼技能，實易沾
其惡習，即使竭力整頓，亦覺防範難周，亟應將局裁撤，惟裁撤人多，
又慮有不願回華者，中途逃脫，別生枝節。」等語……臣竊維吳嘉善
身膺商務，既有此議，誠恐將來利少弊多，則照其言，將各學生撤回
內地，嚴加甄別，擇稍有器識者，分派需用各衙門，充當翻譯通事，
俾之學習政事威儀。其次者，今在天津、上海各處機器、水電等局，
專習一藝，各學生肄業多年，洋文固已普通，製造應當涉獵。由此累
積，存乎其人，並不是久處外洋，方能精進。〔註64〕

〈駐洋肄業局〉，乃於容、吳爭辯之下，以及美國排華案的影響下，總理衙門
於 1881 年七月八日下令結束，九十餘名留美學生遂被送返國門。

　　然則自 1872 年幼童赴美留學首開風氣以來，維新人士多主張派遣學生出洋
留學，如 1875（光緒元年）沈葆楨派遣福建船廠學生，隨法人日意格赴法留學；
次年李鴻章亦派天津武弁長勝等七人，隨德人李勵協赴德留學，繼而同年年底
李鴻章等奏派遣福建船廠學生及藝徒三十名，赴英法兩國學習海軍與製造。1881
年仲夏，總理各國衙門議將〈駐洋肄業局〉裁撤，並將留美學生一律調回時，
李鴻章正遴選福建船廠學生繼續派赴英法兩國。〔註65〕李鴻章既奏請福建船廠
學生出國，同時一方面總署卻撤回美國幼童，實非其原意。容閎於此事對李鴻
章頗有微詞，認為李鴻章未衷心支持留美學生之繼續。〔註66〕此則有悖事實。
事實上，李鴻章於 1881 年三月函覆總理衙門，言外之意，肄業局之裁撤，乃陳
蘭彬、吳子登二人之主張，李氏仍希望保留該局，其云：

……鴻章平心察之，學生大半粵產、早歲出洋，其沾染洋習，或所
難免，子登繩之過嚴，致滋鑿枘，遂以為悉數可撤，為免近於固執……
聞適接美前總統格蘭德及駐京公使安吉立來信，安使信內寄並鈔寄
美國各書院總教習等公函。告謂：學生頗有長進，半途中輟，殊屬
可惜，且於美國顏面有損。鴻章因思，前此幼童出洋之時，鈞署暨

〔註64〕《洋務運動文獻彙編》，第二冊，頁 164-165。
〔註65〕舒新城，《近代中國留學史》（上海：中華書局，1993），頁 14-22。
〔註66〕《西學東漸記》，頁 123。

敝處曾函託美使鏤斐迪照料，該國君臣喜中國振奮有爲，遇事每能幫助。今無端全撤，美廷必滋疑駭。況十年用費已數十萬，一旦付之東流，亦非政體。〔註67〕

當時李鴻章任直隸總督兼任北洋大臣，對外有交涉權；但總理衙門亦爲負責對外裁撤之機關，因此陳蘭彬先行奏請總理衙門獲准，則直隸總督亦難以阻止。

1881年5月總理衙門奕訢等聯奏，獲得欽准。奕訢的奏稿，並無提到遣散留學生回國，與排華案有直接關連。〔註68〕但就在清廷考慮遣散留學生的同時，1881年7月清廷和「安吉立使團」也正式在北京換約。就此二事一併觀照，美國排華案對清廷考慮遣散留學生可能不無影響。

這些留美幼童歸國後，李鴻章於1882年（光緒八年）曾言及再送他們出國，完成未竟之學業；但沒有成功。〔註69〕日後這批早期留美學生在近代中國的外交事業、洋務建設、教育發展上都有很重要的關係。〔註70〕可惜第一批幼童在美學習九年，第四批在美學習才六年，其中有六十名已入大學和技術學校，二名剛大學畢業，其他大多還在中學就讀；而多數在高等學府的學生纔剛開始技術的專門訓練，否則在專門職業上應有更大的貢獻。這些留學生由於在美時年紀輕，對美國文化、政治面貌，亦未能有深刻體驗。

自留美學生召回後，歷二十年，至1901年（光緒二十七年）美國退還庚子賠款溢出的部份，以爲格致留美學生之用。1909年，外務部等合奏派遣學生赴美辦法，官辦留美教育才又再次展開。〔註71〕

三、中美教案的發生

方法與目的（Means and Ends）在傳教過程中，一直是影響教務成敗的因素。就傳教目的而言，必須藉助某種方式以達到傳播福音的目的。由於教務

〔註67〕全文見《李文忠公全集》，譯署函稿十二，〈論出洋肄業學生分別撤留〉，頁7-8。
〔註68〕《洋務運動文獻彙編》，二冊，頁165。
〔註69〕轉引顏惠蘭〈清末留美幼童之研究〉（中國文化大學中美關係研究所碩士論文，1984）。
〔註70〕顏惠蘭，〈清末留美幼童之研究〉，頁147-202。詳言留美學生歸國後之貢獻。
〔註71〕清廷派遣學生赴西洋教育，於光緒八年（1882）閩廠學生赴英法回國後即停止。雖然出使英美各國大臣中常隨帶二名或四名學生出國，但係襄贊使署文牘，並非專門留學，甲午戰後：中國一敗塗地，乃掀起留日狂熱。而留美教育再起，則於庚子之役後，美國以庚子賠款，以爲留美學生之用。見舒新城，《近代中國留學史》，頁72-86。

的推展，每與帝國主義勢力有不可分割的關係，傳教士藉著帝國主義取得更大的傳教自由與權力；而帝國主義則利用宗教的影響力對中國展開侵略，其途徑則是透過傳教士。自 1860 年後傳教士取得在中國內地傳教的權力之後，傳教士依恃其本國武力為後盾向中國內地發展教務，因而引起層出不窮的教案。〔註 72〕本文僅對美國在華教士引起的教案，做一審視，至於教案背後的思想文化衝突，前人已有論述，茲不贅述。〔註 73〕

　　早在中英鴉片爆發之際，雖然有不少美國傳教士譴責鴉片貿易之不當，但另一方面，也有不少美國傳教士認為武力是開啓中國上帝之門的捷徑，例如當時主編《華事彙報》（*China Repository*）的兩位美籍傳教士高理文（Elijah C. Bridgman）和衛三畏（Samuel Wells Williams）都曾大聲呼籲：「武力能使中國人棄絕其高傲孤立的態度，使他懂得愛人如己的道理」，並且認為「基督在對抗無知與封閉的道路上前進」。〔註 74〕鴉片戰爭爆發後，首先在廣州建立第一所現代化醫院的傳教士醫生伯駕（Peter Parker）公然向美國總統、國務卿及國會議員解釋：「此一戰爭真正目的，是代表了對過去的補償與對未來的保證」（ indemnity for the past & security for the future）〔註 75〕儘管英國政府發動戰爭的目的不在宗教，但不少美籍傳教士仍相信鴉片戰爭係上帝假借英國之手建立上帝的國度。〔註 76〕由於教務發展與帝國主義侵略在目標上的契合，也促使早期來華傳教士在傳教方法上採取與其政府合作的態度。部份傳教士更參與世俗政治活動，以美國傳教士而言，前所述高理文、伯駕、衛三畏等人，在早期美國對華政策上影響甚大。〔註 77〕

　　1858 年中美「大沽談判」時，由衛三畏提出的草案中，即提出允許美國傳教士到中國內地傳教，並可自由租賃或購買房屋土地的條款。〔註 78〕中國加以

〔註 72〕Stuart Creighton Miller , "Ends and Means : Missionary Justification of Force in Nineteenth Century China" , in John K. Fairband ed. , *The Missionary Enterprise in China and America*（Harvard University Press , 1974）, pp.249-283

〔註 73〕可參考呂實強，《中國官紳反教的原因》（中央研究院近史所專刊，1985，三版）

〔註 74〕"Ends and Means: Missionary Justification of Force in Nineteenth Century China", pp.249-250。

〔註 75〕"Ends and Means: Missionary Justification of Force in Nineteenth Century China", p. 253 。

〔註 76〕"Ends and Means: Missionary Justification of Force in Nineteenth Century China", p. 258。

〔註 77〕可參考李定一，《中美早期外交史》，頁 201-211。

〔註 78〕《咸豐夷務》，卷 21，頁 41-44。

回絕。由於 1858 年的〈中美和好條約〉（即中美天津條約）中，僅第二十九條規定保護「傳教習教」之人而已，外國傳教士可以到中國內地傳教，是由中法天津、北京兩次條約而來〔註 79〕美國援例均霑，自亦取得在中國內地傳教的權利。

1860 年後，美國雖已取得深入中國腹地傳教的權利，由於「內戰」（Civil War 1861-65）旋即爆發，海外傳教事業大受影響。戰後美國在華傳教工作憑藉以前良好的基礎，即努力迎頭趕上。1858 年新教（Portestant）在中國的傳教士僅八十一人，到 1889 年時增為一千二百九十二人，其中美國傳教士為五百一十三人，僅次於英國的七百二十四人。〔註 80〕美國來華教士數目甚多，而其教會工作的內容與範圍相當廣泛，因而發生不少教案惟若就傳教士人數及教案次數的比例計算，則美國傳教士在中國引起的教案，應該是比例最小者。直到義和團事變（1899）為止，有關美國的教案，與其他各國相較，尤其是天主教國家的情形，美國教案則是影響較輕微，牽涉較單純。推究其原因，除了天主教徒來華歷較久，人數眾多，遠超出來華歷史較短的英美新教國家，而法國向以天主教的保護國自居，故所釀成的教案最多。〔註 81〕再者，從 1860 年後英美政府對華的政治目的與傳教士目標並不相融。就傳教士而言，通商口岸只是他們目標的開端，廣大中國內地更吸引他們的興趣，而英美政府於 1860 年初共同對華推行「合 作 政 策」（A Policy of Cooperation），欲與中國平行外交，強調條約的執行，若有任何糾紛，可循外交途徑，以條約為依據解決。故當傳教士進入內地遭到當地士紳百姓攻擊

〔註 79〕〈中美天津條約〉，見《中外條約彙編》，頁 126-129。中法天津、北京條約，見同書，頁 76-77。頁 88。

〔註 80〕李定一，《中美早期外交史》，頁 612-613。另據 James A. Field, Jr., "Near East Notes and Far East Queries", 1890 年新教的 Ordained Minister 在中國共有 573 人，其中美國教士佔 198 人，僅次於英國的 302 人。in John K. Fairbank ed. *The Missionary Enterprise in China and America* P.36。

〔註 81〕十九世紀五十年代天主教因英法聯軍之役取得不少權益後，法國儼然變成在華天主教的保護國。故法籍天主教四川教主若瑟曾率直宣稱「未來是屬於我們的」。而寧波法主教趙保祿亦倡言：「如果有任何國家欲染指浙江，法國有權利制止它。法國政府與天主教教士的關係，誠如法國某位史家所言「法國保護傳教，只是以宗教為其不平凡的利益……他的目的是在利用傳教士所創造的關係，達成自己的利益」。轉引自唐遠華，〈基督教教會及其傳教方法在近代中國本土化的發展〉（國立台灣師範大學歷史研究所碩士論文，1981），頁 105。

時，本國政府雖施援手，卻對其舉動大不以爲然。〔註82〕1868年美國前任駐華公使代表清廷與美國簽訂〈蒲安臣條約〉，其中第八款「中國之內治，美國聲明並無干預之權及催問之意，即如通線鐵路各等機法，於何時何法，因何情欲行製造，總由中國皇帝自主酌辦」，〔註83〕此一條款原爲維護中國在各外人租界地的司法管轄權，卻被多數在華美國傳教士交相指責，認爲此約妨礙基督教在華發展，〔註84〕雖然〈蒲安臣條約〉第二款強調保障華人在美的宗教信仰自由、居住自由等權利，並要求中國同時尊重美人在華的自由與生命財產的安全，但報章雜誌輿論界，對此仍持懷疑態度，〔註85〕1870年天津教案發生後，不少美國傳教士呼籲以武力報復中國，並諷刺「合作政策」外交的錯誤。他們認爲由於西方國家的一再退縮，才造成教案迭起，希望以武力解決教案問題，但美國政府並沒有採納他們的意見。〔註86〕由於教務與國家政策時有衝突，美國政府對於在華傳教士的支持，遂不如同屬新教國家的英國積極，更遠不如法國天主教國家之肆妄。此或亦是美教士在華言行較謹愼，故所釀成的教案最少。

　　惟就教案發生後，中美教案之交涉，美教士與駐華公使之需索賠款，與威脅恫嚇，與其他國家相較，亦僅是毫末之差。美國在華傳教士因深入中國內地傳教而時受當地人民之侵擾，固爲不諱之事實，但另一方面教士亦有霸佔田宅、干涉內政和包庇教民之事。〔註87〕然每遇一事件發生之後，中國政府無不立即設法補救：懲治人民，或本可不負賠償而給予賠償。甚至美約所無而其他條約亦未有的教士內地置產權，〔註88〕中國亦曲意優容。而中美教

〔註82〕 唐遠華，〈基督教教會及其傳教方法在近代中國本土化的發展〉（國立台灣師範大學歷史研究所碩士論文，1981），頁93。

〔註83〕 〈蒲安臣條約〉，見《中外條約彙編》，頁130-132。

〔註84〕 Stuart Creighton Miller , *The Missionary Enterprise in China and America*（Harvard University Press , 1974）p.260。

〔註85〕 唐遠華，〈基督教教會及其傳教方法在近代中國本土化的發展〉（國立台灣師範大學歷史研究所碩士論文，1981），頁96。

〔註86〕 *The Missionary Enterprise in China and America,* P.268。

〔註87〕 顧長聲，《傳教士與近代中國》，（上海：人民出版社，1983），頁128-134。

〔註88〕 根據顧維鈞，《外人在華之地位》（1925年），頁261。中法北京條約漢文約本第六款末句載有：「並任法國傳教士在各省租買田地，建造自便」，查法文約本該款中即並無此種相同之條文，盡純係漢文約本譯文詞句之弊。依照中法天津條約第三款規定：「自今而後，所有議定各款，或有兩國文詞辯論之處，總以法文作爲正義」，是則上述法國教士內地置產權，自不能成立，法國既未能享受該項權利，則美國自亦不得援例要求。

案中因購地建房之糾紛極多，中國政府往往接受美方之要求，勸告中國人民讓步，或命地方官廳以他處之地產房屋交換，使其如願以償，並未因美教士尚無享有該項權利而加以阻止。茲擇數例以證上述之說。

（一）天津教案：1870 年法國天主教在天津除創設禮拜堂之外，並辦有育嬰堂等慈善事業，人民素不明其真象，偶聞謠傳法教士殺嬰製藥之消息，遂聚眾暴動，焚燬教堂，並殺死法教士及修女多人，美國教士所辦之書院兩所亦被波及焚毀，事後，中國政府循美使之要求，賠償美國教士四千七百餘兩。〔註89〕

（二）延平教案：因美國傳教士在福建延平縣（今南平縣）強行建堂引起。民眾於 1875 和 1876 年兩度拆毀教堂，驅逐教士出境，到 1879 年十二月傳教士又以開設書局為名，在福建開辦福音堂。民眾前往觀看時，傳教士竟開槍傷人，激起公憤，再次將該「書店」搗毀，閩浙總督何璟在美國政府威脅下，對傳教士鳴槍殺人不予查究，反以賠款和懲凶結案。〔註90〕

（三）濟南教案：1881 年美國長老會傳教士在山東濟南購得某書院產業的房屋一棟，該屋位於大街，傳教士擬修為教堂及醫院之用，書院師生恐其有碍風水，力加反對。濟南道署提出用東大街房屋抵換，傳教士對此房地不滿意。1884 年美國公使楊約翰（John R. Young）派傳教士出身的代辦何天爵（Chester Holcombe）赴濟南，直接與地方官交涉，山東巡撫提出房地兩處供美教士選擇交換，並另賠款銀三千兩，歷三年餘的糾紛，始告解決。〔註91〕

（四）鎮江教案：1886 年江蘇鎮江傳教士與中國營造商訂約建築房舍，包工者於施工中途停工，要求增加造價，雙方遂引起衝突。地保恐事態變大，乃對美教士行為加令約束。鎮江美領聞訊，立即向官府提出抗議。鎮江道即命令恢復傳教士自由。但美領復要求承辦承包人，鎮江道允審訊案情後辦理，美領竟堅持應即懲辦。美國駐滬代理領事得悉此事，即通知美英兩駐滬海軍司令，要求會同派遣軍艦赴鎮江示威。鎮江地方官聞悉此事，深恐軍艦一到，事態擴大，乃悉遵美領意見，將承包人杖責數十，並枷於美國領事館前示眾。美國傳教士及領事始稱心滿意。〔註92〕

〔註89〕李抱宏，《中美外交關係》，頁 136。
〔註90〕顧長聲，《傳教士與近代中國》，頁 139。所記與李定一，《中美早期外交史》頁 632，略有出入。
〔註91〕《中美早期外交史》，頁 633-635；《傳教士與近代中國》，頁 140。
〔註92〕 *U. S. Foreign Relations*, 1884, pp.74-75。參見《中美早期外交史》，頁 635。

　　（五）重慶教案：1886 年有美國教士數人，在四川重慶郊外鵝項頸等地，置地建屋，當地居民以其有損風水，反對已久。是年七月間適逢四川各縣武童聚重慶應試，遂糾眾暴動，將該教士等所建尚未竣工之房屋一併搗擊焚毀，並強迫驅逐該教士等出境，幸當地官廳聞訊，隨即派兵前往彈壓，並保護美教士出險，安置於當地道台衙門以保安全。清廷據川省大吏奏聞，隨即通令保護教士，即懲辦滋事暴徒，〔註 93〕美使田貝（Charles Denby）得美教士之報告，即向總理衙門提出抗議，謂該處地方官未盡職責，要求對於美國教士加以特別保護，並賠償損失二萬八千兩。同時將此案報告美國政府，稱總署對此案頗有推諉不負責之態。〔註 94〕美國國務卿柏雅德（Thomes F. Bayard）答以美國政府已批准田貝之嚴重抗議及賠償要求，並謂根據中美條約，中國政府應懲治滋事暴民，美僑所受損害，亦應予賠償，對於傳教士，中國政府尤其應當特別保護。又謂美國如何「保護」並「優待」中國在美之僑民云云，〔註 95〕清廷對為首滋事之人，早已「嚴拿懲辦」，惟對賠款，略有意見。最後由英使出面斡旋，英國駐重慶領事代表美國與地方官談判。最後賠款銀二萬三千兩，以他處房產補償美國傳教士被毀之房屋。〔註 96〕

　　此外與美國傳教士有關的教案，尚有 1888 年廣西桂平縣教案，〔註 97〕1891 年宜昌教案，〔註 98〕 1895 年五月成都教案，〔註 99〕同年八月福建古田教案，〔註 100〕1898 年四川江北教案。〔註 101〕上述個案，均不甚嚴重，美國亦如願獲得賠償與懲凶等要求。

　　由上述各教案，可見中國政府對美僑生命財產的保護，可謂盡到最大的

〔註 93〕見《清季外交史料》卷 68，頁 7-8。
〔註 94〕按美公使田貝為一位竭力支持傳教士之人。在其著作《中國及中國人》(*Chinese and Her People*) 一書中，有一章（卷 1，第 17 章）全為基督徒傳教士辯護，竭力頌揚傳教士在華的豐功偉蹟，駁斥一切不滿在華教士的言論。田貝的報告見 *U. S. Foreign Relations* ,1887 ,pp.160-165。
〔註 95〕柏雅德所舉中美條約為「中美望廈條約」第十九款，「中美天津條約」第十一款。惟根據此二款，中國亦無賠償損失之責任。柏雅德所言美國保護中國僑民之事，更為不實。見 *U. S. Foreign Relations* , pp.169-172。
〔註 96〕李抱宏，《中美外交關係》，頁 139。
〔註 97〕見《清季外交史料》卷 77，頁 2。
〔註 98〕顧長聲，《傳教士與近代中國》，頁 141。
〔註 99〕見 *U. S. Foreign Relations* ,1895 ,p.87。
〔註 100〕*U. S. Foreign Relations* ,1895, pp.173-189。
〔註 101〕《清季外交史料》卷 133，頁 33。

責任，甚至對於美教士滋事而引起的糾紛，亦委屈讓步。此一時期中外教案之交涉，清政府多是採取忍讓退避的態度，其結果導致教士教民愈加放肆，人民對之就愈懷恨，教民衝突乃愈演愈烈。仇外心理自是而生，對於美國教士自亦不例外。1900 年義和團事變的發生，就一方面而言，亦是此一仇外心理之激發。無可諱言，傳教士對近代中國的確有其貢獻，甚至在 1860-1890 年教案糾紛最多之際，有些傳教士仍是同情中國，因此教案情況極其複雜，應實事求是地給予恰如其分的評價。

就本節國人對美國觀感的轉變，在甲午戰爭以後，列強爭相瓜分中國之際，美國發表門戶開放政策時亦可看出。1895 年甲午戰後，德、俄、英、法和日本紛紛在中國索借口岸和劃分勢力範圍，到了 1900 年庚子拳亂發生，各國因公使受困北京，紛紛派兵來華。八國聯軍攻入北京之後，慈禧帶著光緒逃亡，東三省為俄國佔據，中國岌岌可危。就在此時，美國於 1899 年九月和 1900 年七月兩次發表門戶開放通牒，除了希望得到均等的商業機會之外，還要求各國維持中國領土的完整性。在列強爭相瓜分中國局勢之下，門戶開放政策，則有可能保全中國。衡度情理，中國此時應大為感激美國，並引以為外交之強援，但事實上，中國無論民間或官方，對美國及其門戶開放政策，並沒有特殊的好感。〔註 102〕例如美國第一次發表門戶開放政策三個多月後，梁啓超在《清議報》上有一篇文章，討論美西戰爭之後，美國佔據菲律賓群島遭遇當地人民抵抗的情形，也談到美國的第一次門戶開放通牒，其中有一段指出美國：

> 一舉而干預古巴，再舉而合併檀島，三舉而經營菲律賓，比者瓜分
> 中國與歐人均霑利益之議，且明見諸公文矣。今茲之役，使美國而
> 勝，則太平洋東西岸與中央之海權皆歸於美國之手，美人用菲律賓
> 以經略中國東南海岸諸省，其力不讓於歐洲列強，而我臥榻之側，
> 又增一虎矣。故美國而勝，可以速中國瓜分之局。〔註 103〕

等到美國發表第二次門戶開放通牒，於商業機會均等的原則之外，又增加維護中國領土完整的原則，《清議報》的言論立場仍然不變，他們認為美國和英、日兩國之突然主張保全中國，主要是因為美國在中國素無勢力範圍，再

〔註102〕詳見張忠棟，〈門戶開放政策在中國反應〉，《美國研究》（中央研究院美國文
　　　　化研究所集刊），三卷，三、四期合刊（1973 年 12 月），頁 121-142。
〔註103〕《清議報》，32 冊（本館論說），頁 2。

者，三國都不願看到中國一旦瓜分之後的亂局影響它們的商業利益。〔註104〕
梁啓超並且認爲，各國同意保全之後，它們必將要求中國開放其全部領土以
供經濟剝削，中國開放全部領土的最後結果是將淪爲外國的殖民地，梁氏將
門戶開放政策的保全政策，稱之爲「滅國新法」。〔註105〕一位筆名雨塵子的
立憲派人士也認爲門戶開放政策之爲害中國，恐將更甚於各國之勢力範圍政
策。〔註106〕

　　前文曾論述美國本土的排華運動，此時美國提出門戶開放政策，中國朝
野不少人從此一角度來批評門戶開放政策。當時駐美公使伍廷芳，在批評美
國排華時，總是強調：

　　　中國並不要求特惠，中國所要求的只是其他各國人民在美國享有的
　　　同等權利。然而，中國人在美國卻特別受到歧視，特別成爲不當立
　　　法的對象。中國爲美國人民敞開了大門，但是美國卻對中國人民關
　　　閉著它的大門。〔註107〕

美國一方面要求中國開放門戶，給予均等的商業機會，又說要保全中國；而
另一方面則加強排華，關上他們自己的大門，給中國移民莫大的限制和侮辱。
1905 年抵制美貨運動開展之後，福州英華書院師生上書美國總統和國務院，
也有類似的論調。他們也認爲美國不惜一切在東方維持和平，是爲了維持通
商所必要的門戶開放政策〔註108〕可見美國實行門戶開放政策，其中有關保全
中國一點，許多中國人已經不能完全信之不疑。

　　比起其他國家而言，美國對中國的態度是較友善得多。美國沒有租借中
國港口，沒有佔據中國土地。其推行門戶開放政策，除了希望得到均等的商
業利益之外，還要求維持中國領土主權的完整性。在庚子拳亂引起八國聯軍
入侵之時，中國亟需援手，照理而言，美國應是最佳的聯誼對象。拳亂之後，
中美之間曾有短時間交涉調處之事，但是此一機會迅即消逝。在中國方面未
能積極爭取美國調處之因素，除了實際外交政策上的考慮，有人主張聯英、
聯日或聯俄之外，許多重要大臣對美國的調處誠意不具信心，也是主要的考

〔註104〕《清議報》，53 冊（本館論説），頁 2。
〔註105〕《清議報》，89 冊（本館論説），頁 1-4。
〔註106〕《新民叢報》，第十四號，頁 47。
〔註107〕 *New York Times*, April 9 And Oct. 18 1899; Jan. 26 and Feb. 9 , 1900 ; and March
　　　　28 ,1902.轉引自張忠棟，〈門戶開放政策在中國的反應〉，頁 131。
〔註108〕張存武，《中美工約風潮》，頁 54。

慮因素之一。〔註 109〕此亦可窺朝野對美國觀感之轉變。

第二節　變法論者對美國的認識

　　晚清變法論的產生，是鑑於洋務運動提出的自強方案，不足以拯救日趨衰亂的中國，一方面他們承襲自洋務派的方針，主張繼續學習西方的「船堅礮利」和「科學技藝」；一方面則擴大學習西方的範疇，主張學習西方的「政法」制度。變法論從 1860 年代馮桂芬的《校邠廬抗議》即已萌芽，經過 70 年代、80 年代的孕育發展，至 90 年代康有為領導的變法維新運動，可說是變法論形成過程中的頂點。本文所欲探究的是晚清變法論者在倡導學習西方政制教化的同時，其對美國民主政治及風俗教化之認識如何？而晚清變法論者多數主張英式的君主立憲政體，其對於美式共和政體有何批評？

　　早在十九世紀的 40 年代，中國知識份子於其編撰或譯著中即已提到美國的議會制度，然則也僅限於介紹而已，他們尚未能明白議會制度的優良功能，更沒有公然主張中國應採行西方議會制度。〔註 110〕到了 1860 年代，馮桂芬（1809-1874）的《校邠廬抗議》明白具體地提出了內政、外交、軍事、文化全面改革的必要。他對西方的認識較魏源所謂的「師夷長技」更為深刻，中國之「不如夷」，並非僅止於「船堅砲利」而已，而且在內政方面，中國也有「四不如夷」：「人無棄才，不如夷；地無遺利，不如夷；君主不隔，不如夷；名實不符，不如夷」，〔註 111〕從馮氏的「君民不隔，不如夷」的認識來看，馮氏對西方民主制度似乎已有相當之認識。據云《校邠廬抗議》稿本的「公黜

〔註 109〕例如李鴻章起初對聯合何國的態度十分曖昧，他也曾數次試探美國對調處的誠意。他一直希望得到美國明確的保證，美國卻因公使康格（Edwin Conger）身陷北京，在軍事上又須和各國聯合行動尊重各國的意見，不能單獨給予中國滿意的答覆。譬如美國總統麥金萊（William Mckinley）給光緒皇帝的覆信就說，美國只要「獲得其他國家的同意」，極願出面調停。再如國務卿海約翰（Joh Hay）給李鴻章的答覆，其中明白表示恢復各國公使在北京的通訊自由是各國應有的權利，絕對不能作為換取美國調解的條件，在這件事沒有得到解決之前，美國不會和其他國家商量停戰的方法。這些答覆使李鴻章十分失望，所以到了 1900 年 7 月底時，他已下了「美國空言無實」的結論，此後李氏和俄國的往來日密，和美國的關係益形疏遠。詳見張忠棟，〈庚子拳變時期中國對美國的看法〉，《國立台灣大學歷史系學報》第一期（1974）。

〔註 110〕見第二章第二節。

〔註 111〕《校邠廬抗議》卷下，制洋器議。

陟議」的末段曾刪去幾行字：

> 及見諸夷書，米利堅以總理統領治國，傳賢不傳子，由百姓各以所
> 推姓名投匭中，視所推最多者立之，其餘小統領皆然。國以富強，
> 其勢駸駸凌俄、英、法之上，誰謂夷狄無人哉！〔註112〕

這就是馮氏對美國民主政治的認識。但是馮氏於這段文字上，並另加浮簽批
註：「末行似不足爲典」，又把「傳賢不傳子」一語的「賢」字和「子」字塗
得辨不出來。就已刪除的這段話來看，可見馮桂芬讀過一些十九世紀40年代
以降中外人士介紹西洋史地的著作，知道一些西方事物。但是這種言論在君
主專制時代恐遭時忌，所以馮氏對民主思想就不得不採迴避的態度。馮氏對
西方（美國）民主制度稍有認識，但是並未公然提倡。《校邠廬抗議》寫於1861
年，即洋務運動展開之際，他所倡導的富強之術比同時代的洋務派諸人已具
有更廣泛的內涵，雖然在當時未能引起太多的注意和影響，但是它卻直接成
爲十九世紀後期改革派變法思想的先導。

　　繼馮桂芬之後的改革變法論者，認爲中國要「變法自強」，不僅在於製造
船砲，更重要的是從內政方面的改革，並且他們也公然承認「西方政教亦有
可觀之處」。就政治教化而言，有不少人討論到美國立法之善、風俗之淳厚；
然則就政治之體制而言，對於英式的君主立憲更優於美式的民主政治，似乎
是大多數改革變法家的主張。

　　王韜（1828-1897）對於美國立法之完善，推爲舉世第一。曾撰有〈花旗
善法〉，認爲美國國庫支配相當完善，統領年俸及全國一年開支之數僅若干銀
圓，並舉愛倫省及舊金山一地論之：

> 花旗立法之善，海外諸邦皆所不逮。所謂一國中大統領者，歲奉以
> 銀二萬五千圓，供給御用，與英國所設香港總督廉俸相似。其通國
> 中所用，以一年計之，僅支銀七千五百三十五萬四千六百三十元，
> 此一千八百五十二年之數也。計愛倫一省，年中所進十三萬六千一
> 百五十元，年中所支十一萬六千兩百四十八元，所餘者幾二萬元，
> 此一千八百五十四年之數也。一省如此，他省可以類推矣。更以舊
> 金山一區論之，其幅員遼闊，即以香港百數十比之，猶不及其大，
> 每歲一切所費，文自衙門官吏，武自兵船弁勇，舉凡修葺廢墜，無

〔註112〕馮著原稿本未得見。原稿本藏上海圖書館。此處參考陳旭麓「關於《校邠廬抗
　　　　議》一書——兼論馮桂芬的思想」，《新建設》總182期（19641年，2月）。

所不包,而僅支五十萬元。舊金山爲商賈所薈萃,貨物所輻湊,華
人往其地,不下數十萬。每年諸邦往來船艦,計一千兩百餘艘,可
謂通商之大埠矣。而其出僅如此數,非節用愛民,能如是乎?

王韜認爲這種現象,究其原因在於之立法完善:

蓋花旗法,每村設有四紳士,一書吏。紳士從不受糈祿,書吏亦僅月
受數金,其下有差役三人,以供奔走,民間有冠婚喪葬錢債爭競,則
告之紳士,紳士爲之理斷。事大案巨者,則解之官。村中設有公田,
收其租息,以養鰥寡孤獨廢疾者焉。田稅所納甚微,自給地方官兼俸
外,僅以爲修築衢路,建立書塾之用而已。惟海關貨稅則歸諸官,餘
則悉以一省所出,以供一省之用。民無所苦,而君無所私。通國兵士
餉需,悉以關稅支銷,無事之時,戍兵巡丁寥寥無幾,村鄉之人,至
有老死不見官長者。國中至二十歲以上,四十歲以下,無不習武,以
備國家有事之用,此即中國古者寓兵於農之意也夫。〔註113〕

就這段文字而言,王氏心目中的美國立法,與中國傳統社會之面貌,略有幾
分相似。

王韜對於西方議會政治的主張,多表現在他的「弢園文錄外編」中。他
明確地指出中國君主專制制度遠不如西方國家的議會制度:

試觀泰西各國,凡其駸駸日盛,財用充足,兵力雄強者,類皆君民
一心,無論政治大小,悉經議院妥酌,然後舉行。中國則不然,民
之所欲,上未必知之而興之也;民之所惡,上未必察之而勿施之也。
〔註114〕

他把西方國家的政治制度區分爲三種不同的類型,即「君主之國」、「民主之
國」及「君民共主之國」。君主之國的統治方式是「一人主治於上,而百執事
萬姓奔走於下,令出而必行,言出而莫違」;民主之國是「國家有事,下之議
院,眾以爲可行則行,不可則止,統領但總其大成而已」;君民共主之國是「朝
廷有兵、刑、禮、樂賞罰諸大政,必集眾於上下議院,君可而民否不能行,
民可而君否亦不能行也,必君民意見相同而後可頒之遠近」。〔註115〕他對這三
種政治制度的看法是「君爲主,則必堯舜之君在上,而後可長治久安;民爲

〔註113〕《西方及列強認識》第二輯,第二分冊,頁1112。
〔註114〕《弢園文錄外編》,卷3,達民情。
〔註115〕《弢園文錄外編》,卷1,重民下。

主，則法治多紛更，心志難專一，究其極，不無流弊」，因此最好的制度爲「君民共治」，「惟君民共治，上下相通，民隱得以上達，君惠亦得以下逮，都愈吁咈，猶有三代以上之遺意焉」。〔註116〕他認爲民主國諸多流弊，厭惡美、法式的民主政治，君主國則有待賢君，所以他鄙棄沙俄式君主專制，對英國式的「君民共主」制度則稱贊不絕，認爲「英國政治之美，實爲泰西諸國所聞風響慕，則以君民上下互相聯絡之效也」。〔註117〕他並表示「中國欲謀富強，固不必別求他術也，能通上下之情，則能地有餘利，民有餘力，閭閻自饒，蓋藏庫帑無虞匱乏矣」，〔註118〕在這般文字裏，他透露出中國必須像英國「通上下之情」，即仿效英式的君主立憲政體，而不是美式的民主政體。

薛福成（1838-1894）對於美國風俗人心，甚爲稱道，比擬爲中國虞夏時代，甚至對於美國壓迫華工一事，亦不加批判，譬之爲三代之桀紂、幽厲，無損三代之美：

> 此次來遊歐洲，由巴黎至倫敦……同人有談美國風俗之淳厚者，余謂泰西諸國在今日正爲極盛之時，固由氣數使然，然開闢之初，戶口未繁，元氣未洩，則人心風俗自然純厚，蓋美洲之開闢後於歐洲，歐洲之開闢後於中國，而歐洲各國之中開闢又有先後，故風俗亦有厚薄，美利堅猶中國之虞夏時也，俄羅斯猶中國之商周時也，英吉利、德意志猶中國之兩漢時也，法蘭西、意大利、西班牙、荷蘭其猶中國之唐宋時乎，若法人之意氣囂張，朋黨爭勝，則幾似前明之世矣。或曰：美國之埃利士人（按：即愛爾蘭人），肆其恔忿，迫逐華民，古道何在？答之曰：三代之世，夷羿、寒浞、桀紂、幽厲，亦有亂時，豈必盡軌乎道。〔註119〕

以開闢先後，言世道人心。美洲開闢晚於歐洲，歐洲又晚於中國。美洲風俗人心最是淳厚，言下之意，當時中國之道德秩序似淪喪已極。

然而，對於美式的民主政治，薛氏並不贊成，他認爲：

> 大抵民主之國，政權在貧賤之愚民，……夫可至憑著民情，……至無定者亦民情也。彼其人雜言龐，識卑量隘，鼓其一往之氣，何所

〔註116〕《弢園文錄外編》，卷1，重民下。
〔註117〕《弢園文錄外編》，卷1，重民下。
〔註118〕《弢園文錄外編》，卷3，達民情。
〔註119〕《西方及列強認識》第三輯，第一分冊，頁343。

不至。……美國之政,其法雖公,而其弊亦有不勝枚舉者。〔註120〕
他認為民主之國和君主專制都各有利弊:

> 民主之國,其用人行政,可以集思廣益,曲順輿情,……政之所以
> 公而薄也。然其弊在朋黨林立,互相爭勝,甚且各挾私見,而不問
> 國事之損益,甚或君或相或存五日京兆之心,……則權不一而志不
> 齊也,君主之國主權甚重,操縱伸縮,擇利而行,……苟得聖賢君
> 王,其功德豈有涯哉,然其弊在上重下輕,或役民如牛馬,……是
> 故民主、君主,皆各有利,亦皆有弊。〔註121〕

君主專制雖有弊,但俄帝之稱強正由於「俄之君權特重,非若各國有上下議院
之牽制」。〔註122〕那麼薛氏心目中的理想政體為何?比較之下,他對議會政治
仍甚為稱道,認為「議院者,所以通君民之情也」,〔註123〕在西洋各國中,「美
國則民權太重,法國則叫囂之氣過重」,斟酌損益的結論是「唯英、德兩國之制,
頗稱盡善」。〔註124〕他特別欣賞英國的兩黨制,稱讚保守黨和自由黨「迭為進
退,互相維制,……一出一入,循環無窮,而國政適以躋於平」。〔註125〕

　　馬建忠(1845-1900)曾留學法國,在政治學院讀書,有系統的學習過西
方國家的政治法律理論。在他入政治學院讀書以前,他相信「得民心」在於
「立議院」,「議院立」然後「下情可達」。〔註126〕等到入政治學院聽講,又與
法國知識份子反覆質證之後,他對西方議會政治起了極大的懷疑,對於英國
的君主立憲制他的質疑是:

> 英之有君主,又有上下議院,似乎政治皆出此矣,不知君主徒事簽
> 押,上下議院徒托空談,而政柄操之首相與二三樞密大臣,遇有難
> 事,則以議院為借口。〔註127〕

對於美、法式的民主政治,他認為弊端似乎更多:

> 美之監國(按:指總統)由民選舉,似乎公而無私矣,乃每逢選舉
> 之時,賄賂公行,更一監國,則更一番人物,凡所言者皆其黨羽,

〔註120〕薛福成,《出使日記》續刻,卷三,收在《庸盦全集》。
〔註121〕《出使日記》卷四。
〔註122〕《出使日記》卷六。
〔註123〕《出使日記》續刻,卷三。
〔註124〕《西方及列強認識》第三輯,第一分冊,頁348。
〔註125〕《西方及列強認識》第三輯,第一分冊,頁350。
〔註126〕楊家駱主編,《戊戌變法文獻彙編》,冊一(鼎文書局,1973),頁164。
〔註127〕楊家駱主編,《戊戌變法文獻彙編》,冊一(鼎文書局,1973),頁164。

欲望其治，得乎？法爲民主之國，似乎入官者不由世族矣，不知互
爲朋比，除智雄傑出之士如點耶諸君，苟非族類，而欲得一優差，
補一美缺，憂憂乎其難之。〔註128〕

馬氏既不滿於當時中國專制君主制，又否定了君主立憲政體及美法式的民主
制，但他並無提出一套政治主張來改善中國專制君主制的弊端。

鄭觀應（1842-1924）於1871年刊行《易言》一書時，即已主張採行西方
「議政院」的制度，可是他對西方議會制度的認識直到1844年寫成《盛世危
言》時，思想才達於成熟。〔註129〕鄭氏所希望的政體是一種「君民平權」式
的君主立憲政體制，他說：

蓋五大洲，有君主之國，有民主之國，有君民共主之國。君主者，
權偏於上；民主者，權偏於下，君民共主者，權得其平。凡事雖有
上下院議定，仍奏其君裁奪，君謂然即簽名准行，君謂否則發下再
議，其立法之善，思慮之密，無逾於此」。〔註130〕

鄭氏欣賞的政體是英式的君主立憲制，又說：

此制（按：即君民共主）既立，實合億萬人爲一心矣，試觀英國彈丸
之地，女主當國，用人行政，皆恃上下院議員經理，比年得人土地已
二十倍其本國，議院之明效，大驗有如此者，所以君民共主之國，普
天下十居其六，君主之國，十居一二，民主之國，十居二三耳〔註131〕

對於美國民主政治，鄭氏以爲本於民主，民權過重，而法國議院，則不免叫
囂之風，〔註132〕這和薛福成的見解完全相同。

陳熾（1855-1900）的政治思想，像前此的改革派份子一樣，主張以「民
心」爲政本，他說「民心即天心」，所以「下協民情，即上符天道」。「下協民
情」的方法，在「立議院」，此亦是「英美各邦所以強兵富國，縱橫四海之根
原也」，和前此改革者一樣，他亦把西方各國的政體分爲三種類型：君主國、
民主國、君民共主國。〔註133〕他所欣賞的仍是君民共主國，對於民主制，陳

〔註128〕楊家駱主編，《戊戌變法文獻彙編》，冊一（鼎文書局，1973），頁164。
〔註129〕鄭觀應於1862年刊行著作《救世揭要》，此書於1871年增補續集，分上下卷，
　　　　改名《易言》，1875年經友人將原稿三十六篇刪並爲二十篇，仍稱《易言》。可
　　　　參考孫會文，〈盛世危言的作者——鄭觀應〉，《中國歷史學會史學集刊》第二期。
〔註130〕《戊戌變法文獻彙編》，冊一，頁58。
〔註131〕《戊戌變法文獻彙編》，冊一，頁58。
〔註132〕《戊戌變法文獻彙編》，冊一，頁56。
〔註133〕《戊戌變法文獻彙編》，冊一，頁245。

熾則說過「民主之制，犯上作亂之濫觴」。〔註134〕「民主國有下議院而無上議院，朝章國政及歲需之款概決於民，而君亦幾同府者也」。〔註135〕所以美法民主制不是理想政體，只有像英德的君民共主國（君主立憲）才是最優良政體，「君民共主」的國家，甚至在「敵國外患紛至沓來，力竭勢孤，莫能支柱」的情況下，「而人心不死，國步難移，積土成山，積流成海，能勝而不能敗，能敗而不能亡，所以「英人靭之於前，德人踵之於後，所以威行海表，未艾方興者，非倖也，數也」。就是「聖人復起，無以易之」。〔註136〕顯然地陳熾是堅決擁護英、德式的君主立憲政體。

何啓（1859-1914）和胡禮垣（1847-1916）合著《新政真詮》一書，該書寫成於1877年至1899年間。「設議院、立議員，而復民權」〔註137〕是何、胡政論的中心。在他們心中「民權」和「民主」有別：

> 民權之國與民主之國略異：民權者，其國之君仍世襲其位；民主者，其國之君由民選立，以幾年為期。吾言民權者，謂欲使中國之君世代相承，踐天位於勿替，非民主國之謂也。〔註138〕

這即是證明了何、胡要學習的決不是美、法式的民主政體。中國應仿效的是「國為君主，而獨重民權」，「若是者，今之英國其足為中國之法哉」。〔註139〕所以何、胡所主張的是英國式的君主立憲。

宋育仁（1857-1931）曾任駐英二等參贊官，1895年歸國，著有《泰西各國采風錄》（又名《采風記》）〔註140〕1895年刊印。宋氏認為西國之能「變僻陋為富強，全得力於議院」，「議院權雖偏重，而大通民隱，實為善政」，〔註141〕所以他於《采風記》〈政術篇〉中於歐美議會政治之演變、組織、功能有詳細之敘述。他認為德美優於英法。英德為君民共主之國，美法為民主共和之國，宋氏將此二種不同類型的不同國家，各擇一為優良政制，理由何在？他認為：

> 良由英存君主，上院專用世爵保黨，常眾政府，猶有得半之權。法廢君主，舍世爵，保黨甚微，政府遂成奕棋之局，伯理璽天德有罪，下

〔註134〕陳熾，〈盛世危言序〉。
〔註135〕《戊戌變法文獻彙編》，冊一，頁246。
〔註136〕《戊戌變法文獻彙編》，冊一，頁246。
〔註137〕《新政真詮》，五篇勸學篇書後正全篇辯。
〔註138〕《新政真詮》，五篇勸學篇書後正全篇辯。
〔註139〕《新政真詮》，五篇勸學篇書後正全篇辯。
〔註140〕《泰西各國采風錄》，第一政術。
〔註141〕《泰西各國采風錄》，第一政術。

院參之，上院鞫之，大臣有罪，亦然。政之用舍，大臣之黜陟，總統
之舉廢，皆由議院。實舉國聽於議院，勢太偏重，愈趨愈遠，遂有廢
國法，均貧富之黨起於後。德國上議院，亦主用世爵，略同於英，而
參以選舉，君權仍重，故得持平。美國統由選舉，略同於法而別立察
院，取於律師，由考試進任之，終身在任，以才望推升，不出此途。
議院主議法，政院主行法，察院主斷法，議成付察院推斷，斷可然後
付政府施行，故察院之權，足以持議院之弊，德美之政，所以優於英
法也。〔註142〕

美國所行三權分立之精神實移植自英國，所不同者，在於前者爲共和立憲，後
者爲君主立憲。美政果然優於英政否？德政又優於英政否？實難論斷。要之，
此是宋氏個人對西方議會的看法。

　　康有爲（1858-1927）是晚清改革變法論中心人物，亦是推動 1898 年戊戌
變法運動的主要領導人。〔註143〕康氏在戊戌以前曾七次上書光緒皇帝力圖變
法的奏摺，曾建言光緒效法華盛頓精神，保全國土：

論者爲病入膏肓，雖和緩扁鵲不能救，火燒眉睫，雖焦頭爛額不爲
功，天運至此！何能挽回？況普國變法而法人禁之，畢士馬克（按：
俾斯麥）作內政而後立，美國製造槍砲，而英人禁之，華盛頓託荒
島而後成。近者英人有禁止出售機器於我之說，俄法欲據我海關、
鐵路、礦務、銀行、練兵之權，雖欲變法，慮掣我之肘。職竊以爲
不然，少康以一成一旅光復舊物，華盛頓無一民尺土，而保全美國。
況以中國二萬里之地，四萬萬之民哉〔註144〕！

對於美國獎勵製造，注重教化，極爲肯定，茲舉例如下：

查美國歲給新器功牌一萬三千餘，英國三千餘，法國千餘，德國八
百，奧國六百，意國四百，比利時、連國、瑞士皆二百餘，俄國僅
百餘，故美之富，冠絕五洲，勸工之法，莫善於此。〔註145〕

美以鐵路、闢太平洋邊萬里之區，僅五十年間耳，而繁富文美，甲

〔註142〕《泰西各國采風錄》，第一政術。
〔註143〕可參考孫會文〈康有爲對西方議會制度的態度〉（中國歷史學會史學集刊，第
　　　　七期），頁 53-73。
〔註144〕康有爲，〈七次上書〉，收入蔣貴麟主編《康南海遺著彙編》十二冊，（台北：
　　　　宏業書局），頁 99。
〔註145〕康有爲，〈七次上書〉，收入蔣貴麟主編《康南海遺著彙編》十二冊，頁 58。

子萬國矣。吾內地各省，尚屬閉塞。……非獨藉鐵路，以運兵防邊，更亟需鐵路以闢地利。〔註146〕

外國凡講一學，必集眾力以成之，固為集思廣益，勸善相摩，亦以購書購器，動費巨萬，非眾擎則不舉。故考天文則有天文之會，凡言天文者皆眾享，築觀象之台，購渾天之儀，美人賀旦購天文鏡費七十萬金，此豈一人能為哉！〔註147〕

康氏亦論及美國開土地、興學校，充滿欽羨之意。〔註148〕

對於變法師法的對象，他特別心怡日本明治維新及俄國彼德大帝，對於美法、英德之制，他認為「美法民政，英德憲法，地遠俗殊，變久迹絕」，〔註149〕他建言「以俄國大彼得之心為心法，以日本明治之政為政法」，「昔彼得為歐洲所擯，易裝遊法，變政而遂霸大地，日本為俄美所迫，步武泰西，改弦而雄視東方，此二國者，其始遭削弱與我同，其後底盛強與我異。日本地勢近我，政俗同我，成效最速」。〔註150〕

康氏於 1903 年撰寫〈官制議〉，對美國之議院介紹如下：

美國有上下議院立法，其行政有七部，而國務大臣一人為長，而統于大統領。一曰度支部。二曰陸軍部。三曰海軍部。四曰內部。五曰郵部。六曰商部。七曰農部。美地大人眾，而立部獨少者，蓋憲法內閣已難設多部，美為民主國，以大統領七部。每部各統大政，一切皆有憲法制定，不須分設多部。已可人能舉職。若其內治，則各州自主之，不須國之干預，故立部可簡，其政體與中國正相反也。〔註151〕

《康南海自編年譜》，稱其於 1879 年得閱《西國近事匯編》及《環球新錄》諸書，自此之後開始留心西書，購閱《海國圖志》及《瀛寰志略》等書籍，1882 年遊上海，「觀其繁盛，亦知西人治術有末，乃大購西學以歸」，〔註152〕翌年，開始訂閱《萬國公報》，1895 年在京組織強學會時結識英人李提摩太及

〔註146〕康有為，〈戊戌奏稿〉，收入蔣貴麟主編《康南海遺著彙編》十二冊，頁 51。
〔註147〕康有為，〈七次上書〉，收入蔣貴麟主編《康南海遺著彙編》十二冊，頁 83。
〔註148〕康有為，〈七次上書〉，收入蔣貴麟主編《康南海遺著彙編》十二冊，頁 23，頁 30。
〔註149〕康有為，〈七次上書〉，收入蔣貴麟主編《康南海遺著彙編》十二冊，頁 103。
〔註150〕康有為，〈七次上書〉，收入蔣貴麟主編《康南海遺著彙編》十二冊，頁 99。
〔註151〕康有為，〈官制議〉，收入《康南海遺著彙刊》第十四冊，頁 84-85。
〔註152〕《康南海自編年譜》，收入《康南海遺著彙刊》第二十二冊，頁 11-13。

美人李佳白，故其受西學（西人）的影響甚早且影響甚大。〔註153〕戊戌政變發生後，康氏逃亡海外，遊歷歐美各國，曾著有《歐洲十一國遊記》。自 1905年遍遊美國各地，並參觀華盛頓議院，博物館、學校等。〔註154〕

　　於《官制議》一書中，康氏並提出地方自治的觀念，〔註155〕他認爲中國民智未開，不能驟立議院，必須從地方自治著手。至於地方自治的實行，康有爲認爲美國的州縣自治，不適合中國，至於德英法日自治之法「有都市鎮之治，有鄉村之治」，中國舉行地方自治，「因鄉邑之舊俗」，而採英德法日制，可以立即推行。〔註156〕

　　康氏對於美國共和政體的觀點，於民國肇建之後，多所闡發，此緣於民國肇建之後，爭總統、爭國會之現象，康氏至爲痛惜，其倡「共和平議」、「中國顛危誤在全法歐美而盡棄國粹」、「中國不能逃中南美之形勢」等文，意在中國行共和適足以亡國，〔註157〕闡發美國共和體制之現象，爲民國共和所無，並援引美國共和政體，有其歷史背景說明之。他認爲談共和，必推美國共和政體爲代表：

> 今慕共和者，必稱美國，今即以美立國考之，美保守英國之舊章，不敢輕於變亂亦至矣，其各州憲法，皆出英王之特許書，蓋在威廉第三佐治第一以前，其立州于聯邦，亦皆以爲模範，即美聯邦各憲法亦本于是焉。其法教徒初創之五州，則迄今不改一制也，其法律亦皆行英之舊章而立法院以時損益之，乃至禮俗官銜符號，莫不因之舊，……今變共和，乃上承堯舜之文明之治世，夫凡新國未制禮樂者，莫不因之舊也……。〔註158〕

其又言美國三權分立與總統之制：

> 美洲共和國之能安者，北美惟合眾國，南美惟智利耳，合眾國力行

〔註153〕Timoth Richard , *Forty-five yraes in China : Reminiscences*（London : T. Fisher Urwin Ltd.,1916）轉引見梁元生，《林樂知在華事業與萬國公報》，頁 139。
〔註154〕《康南海年譜續編》，收入《康南海遺著彙刊》，二十二冊，頁 57-61。
〔註155〕康有爲對地方自治的主張，可參考沈懷玉，〈清末西洋地方自治思想的輸入〉（中央研究院近代史研究所集刊，第八期），頁 172-174。
〔註156〕《官制議》，頁 122-124。
〔註157〕見《不忍雜誌》，（台灣：華文書局）。論者多謂康氏晚年落入保守陣營，其於民國以後之言論，大異於前，甚且從事復辟運動，可參考胡平生，〈復辟派在民國〉（國立台灣大學歷史研究所博士論文，1983）。
〔註158〕《康南海文鈔》卷 1，收入《康南海遺著彙刊》第十五冊，頁 17-18。

> 三權鼎力之制，總統與國會分行政立法之疆而不負責任，閣員皆其
> 屬僚，故權甚大。歐洲各國之君相，自俄德君主外，未有能比之者
> 也。雖四年限任，政難久長，然以有四年大權指揮之，美賴以治。
> 其總統之由民舉者，以美各州分立，特令總統與州民有交，以聯鎖
> 國情，且美之開創，有清教徒為之，今治定功成，民無異思，故獲
> 善治。〔註159〕

對於美國政黨政治的看法：

> 美從英制，嬗衍而成，亦為二大黨，別有一二小黨，不足輕重也，
> 雖其憲法以行政與立法界劃鴻溝，而美之政黨能善用之，凡大政黨
> 之為總統，蓋不無得國會之多數者，其閣員雖步入國會之席，然其
> 行政無不與議員交通也，以是呼吸一氣，舉無有違，故美能致治，
> 雖無政黨內閣之名，而有政黨內閣之實也。〔註160〕

此雖為康氏於 1912 年（民國元年）的見解，但對美國的認識應早有淵源。

梁啟超（1873-1929）對美國的認識，主要緣於 1903 年遊歷美國，曾著有
《新大陸遊記》，其中對於美國政治制度之介紹，及美國各地遊覽見聞，極為
詳備。在此之前，梁啟超於 1896 年出任上海強學會所辦《時務報》編撰時，
對英美政黨政治，間有涉及，惟主要方式，多出自譯報。如第三冊「美國共
和黨宣論新政」條：

> 美國統領，定制四年一舉。國有兩黨，一曰合眾，一曰共和，各願
> 舉其黨人以任斯職。〔註161〕

對英美兩黨政治的長處：

> 上戴萬乘之君，下有二大政黨，或進則群居政府，或退則伏在草野，
> 一去一就，相與授受政權，……豈非英國立憲之政乎？……分為合
> 眾共和二大政黨，四年一次選立總統，上自全國之大權，下至一村
> 之行政，所爭之宗旨主義，秩序不亂……是非北美合眾國之實情乎？
> 〔註162〕

另外，1897 年梁氏編《西政叢書》，對於美國共和政治亦有介紹。

〔註159〕《康南海文鈔》卷 1，收入《康南海遺著彙刊》第十五冊，頁 40-41。
〔註160〕《康南海文鈔》卷 1，收入《康南海遺著彙刊》第十五冊，頁 46。
〔註161〕《時務報》第三冊，總頁 171。
〔註162〕《時務報》第十七冊，總頁 1145-1147。

梁啓超對美國的共和政治有進一步的闡發，則在其遊歷美洲之後，對美國政俗多所批評。以下就《新大陸遊記》一書說明。對於美國總統之權限、職掌，梁啓超有言：

美國大統領，其權力職掌，與他國之首長有異，今據其憲法所定者論次之。

一大統領有總督聯邦海陸軍及各省民兵之權。

二大統領有締結條約之權，惟須得上議院議員三分之二之協贊。

三大統領有任用外交官及聯邦政府各官吏之權，惟亦須得上議院之協贊。

四有赦減刑罰之權（惟議院所彈劾案不在此數）。

五遇大事故，有臨時召集議院之權。

六國會決議之法律案，大統領有權拒之，或飭令再議（惟再議之後若兩院皆以三分之二之多數通過前案則大統領不得不畫諾）。

七大統領有將美國國情稟告於國會以政策呈薦於國會之義務。

八有效忠於法律之義務。

九有監督聯邦官吏之義務。〔註163〕

梁啓超以為美國總統制之性質與歐美各國最大差異在於，美國總統平時權力甚小，在戰時權力最大。此是由於：

平時國內行政大部分之權在各省政府，及聯邦之諸政務，亦大率由立法部（即上下議院）之法律所規定，故行政部（即大統領所屬）無自由行動之餘地，若一旦與外國宣戰或國中內亂起，則大統領據其總督海陸軍之權，且實行其效忠法律之義務，可以將一切悉入掌握中，如南北戰爭時之林肯是其例也。彼於1862年宣告放奴之檄於全國，未嘗問各省立法部之許可與否，而毅然舉行。且一切普通法律皆得以便宜行事停止之，故西人常言在盎格魯撒遜人種之中，其個人之權力最大者，前有一克林威爾，後有一林肯耳，大統領戰時之大權可見一斑。〔註164〕

梁啓超並比較美國總統與議院之關係及英國君主與議院之關係：

美國大統領與立法部之關係以視英王與立法部關係大有所異，彼英

〔註163〕梁啓超，《新大陸遊記節錄》，（台北：中華書局，1957），頁61。
〔註164〕梁啓超，《新大陸遊記節錄》，（台北：中華書局，1957），頁61。

王者以形式上言之，則立法部之一員也，何以故，彼英國憲法本以國會爲王所召集，以王爲會議長，以聽人民之疾苦，而制定匡救之法律者也。故現今英國重要之法律，大率皆由政府大臣奉王之名提出國會以求其協贊。美國則不然，彼大統領非立法部之一員也，故其憲法不許大統領及其閣臣提出法律案於議會，何以故，彼等無列議於國會之權利，故此亦政法上一有趣味之問題也。〔註165〕

造成此種差異，原因係「美國者，實行孟德斯鳩三權鼎立之義，而界限分明」，「英國憲法由天然發達，而美國則全加以人力」。〔註166〕

再者，梁啓超對美國總統選舉的觀念，大部分來自英人占士布利斯（James Bryce）所著《美國政治論》，該書詳述美國總統選舉競爭的諸種弊病，其中膺選人物「多庸材」一點，尤爲梁氏注意，梁氏在《新大陸遊記》一書中，縷縷條列美國總統多庸材之因素，〔註167〕並推論美國總統制之弊端，則：

大統領者（美國）殆不免爲黨派中之一傀儡，其廢置在一黨中策士之手，既傀儡矣，則其好用庸材也亦宜。難者曰英國亦非無黨派，何故其大宰相不用傀儡，曰其情實不同也，英國黨派之勝敗，於選舉議員時決之，英國但求黨員在議院中占多數耳，既占多數，則其黨魁自得爲大宰相而莫與爭，故所爭者在宰相其人也。美國反是，勝敗之機，專在一著，夫安得不於此兢兢也。〔註168〕

美國總統制既多庸材，且人人競爲總統，英國大宰相（首相），則取決於多數政黨政魁。梁氏對於美國總統制之弊端至爲灰心，嘆曰「夫美國爭總統之弊，豈直此而已，其他種種黑闇情狀，不可枚舉，吾遊美國而深嘆共和政體，實不足君主立憲者之流弊少而運用靈也。若夫中南美諸國，每當選舉時，必殺人流血，以相從事者，更自鄶無譏矣。」〔註169〕

在遊新大陸之前，梁氏已讀到瑞士學者倫知理（Johann Kaspar Bluntschli）的《國家論》，約於遊新大陸的同時，復讀到德國學者波倫哈克（Conrad Bornhak）的《國家論》，二氏對梁啓超影響甚大，〔註170〕他認爲美國共和政

〔註165〕梁啓超，《新大陸遊記節錄》，（台北：中華書局，1957），頁 61-62。
〔註166〕《新大陸遊記節錄》，頁 62。
〔註167〕《新大陸遊記節錄》，頁 65。
〔註168〕《新大陸遊記節錄》，頁 64-65。
〔註169〕《新大陸遊記節錄》，頁 65。
〔註170〕伯倫知理的《國家論》，《清議報》第十一冊即開始譯載，直至三十一冊始

體的最大缺點爲「官職屢屢更迭」：

> 官職屢屢更迭之不利於國家，近今政治學者如伯倫知理、波倫哈
> 克輩言之詳矣，夫一國中重要諸職，屢屢更迭，猶且不利，而況
> 於各種之實務乎，官如傳舍，坐席不煖，人人有五日京兆之心事，
> 之所以多凝滯也，英國每次更易政府，其所變置之職位，僅五十
> 員內外耳，而美國乃至舉全體而悉易之，此實共和政治之最大缺
> 點，迨千八百八十三年改正官吏登庸法案，其弊稍減，然猶未能
> 免。〔註171〕

梁啓超認爲美國政治爲世界上最「不可思議之政治」，認爲美國有兩重政府，
人民有兩重愛國心，此緣於美國爲四十四個聯邦組成的共和國，此爲美國政
治之特色，亦爲共和政體能持久之原因；必具有美國聯邦各省之組織，方可
效法美國政治，其言：

> 法儒盧梭言欲行民主之制，非眾小邦相聯結不可，德儒波倫哈克亦
> 言共和政體之要素有數端，而其最要者曰國境甚狹，吾觀於美國而
> 知其信然矣。彼美國者，非徒四十四個小共和國而已，而此各小共
> 和國之中，又有其更小焉者存，即以新英倫海岸一帶論之……自十
> 六世紀殖民以來，即已星星點點爲許多之有機體，立法行政司法之
> 制度具備焉，純然爲一政府之形，故美國之共和政體，非成於其國，
> 而成於組織一國之諸省，又非成於其省，而成於組織一省之諸市，
> 必知此現象者，乃可以論美國之政治，必具此現象者，乃可以效美

止。梁啓超於九四、九五期的《清議報》撰〈國家思想變遷異同論〉，介紹
伯倫知理的國家論；於第十號《新民叢報》將〈國家思想變遷異同論〉重
載，於三十二號（光緒29年5月25日出版）《新民叢報》刊載〈政治學大
家伯倫知理之學說〉。可見梁啓超在遊新大陸時對伯倫知理的學說已有認
識。光緒29年8月1日所出版的《新民叢報》第38、39合號，除登載伯
倫知理照片外，梁氏復以〈伯倫知理之學說〉爲題撰文，兼介紹波倫哈克
之論，其言：「吾心醉共和政體也有年，……乃今吾讀伯、波兩博士之所論，
不禁冷水澆背，一旦盡失其所據，皇皇然不知何途之從可也。……嗚呼！
共和！共和！吾不忍在污沾汝之美名，使後之論政者復添一左證焉以詛咒
汝，吾與汝長別矣！」按：伯倫知理爲一保守的君憲論者，Ernest P. Young
指其爲 "Conservative Swiss Constitutional Scholar"，見所撰 "The Reformers
as a Conspirator : Liang Ch'i-Ch'uo and the 1911 Revolution"，Albert
Feurwerker 等編 *Approaches to Modern Chinese History*（ California
University Press , 1967 ）, p.239
〔註171〕《新大陸遊記節錄》，頁142。

國之政治。〔註172〕

梁啓超於戊戌政變發生後，亡命日本，由於與革命黨人接觸，革命思想日濃，至1903年遊歷新大陸之後，對於美國實際政治之感受，以及目睹華僑社會之凌亂，乃深信我國民無「共和國民應有之資格」，〔註173〕此爲梁氏日後走向立憲、改革的主要依據。

　　《新大陸遊記》所述內容甚多，舉凡美國之內政、外交、軍事、經濟建設，無不包括，並對華僑在美之生活及東西民族之不同，提出個人觀點。

　　黃遵憲（1848-1905）對於美國的認識，主要緣於1882年奉調美國舊金山總領事，於美三年多的觀察。他認爲美國政治之弊端極多：

> ……遊美洲，見其官吏之貪詐，政治之穢濁，政黨之橫肆；每舉總統，則兩黨力爭，大幾釀亂，小亦行刺，則又爽然自失，以爲文明大國尚如此，況民智未開者乎？〔註174〕

所以留美三年之後，他斷言「共和政體萬不可施於今日之吾國」。〔註175〕

　　雖然黃氏對於美國共和政體不盡贊同，但對美國之刑法律令則極稱讚，他於1885年返國，1887年撰寫《日本國志》有言：

> 余讀歷代史西域北狄諸傳，每稱其刑簡令行，上下一心，妄意今之泰西諸國亦當如是。既而居日本，見其學習西法如此之謙；既而居美國，見其用法施政，乃至特設議律一官，朝令夕改，以時頒布，其詳更加十百倍也，乃始嘆向所見之淺也。〔註176〕

於同書中，他提出對政黨政治的看法，認爲政黨政治有其流弊，無論英國或美國所行之兩黨政治皆然。

> 嘗其考（西洋）習俗，無一事不立會，無一人不結黨，眾人習知其利，故眾人各私其黨。雖然此亦一會，彼亦一會，此亦一黨，彼亦一黨，則又各樹其聯合之力，相激而相爭，若英之守舊黨、改進黨，美之合眾黨、民主黨，力之最大，爭之最甚者也。分令全國之人而爲二黨，平時黨中議論付之新聞，必互相排觝，互相偏袒。一旦爭執政權，各分遣其黨人以爭圖勝。有遊說以動人心

〔註172〕《新大陸遊記節錄》，頁134-135。
〔註173〕《新大陸遊記節錄》，頁121-126。
〔註174〕丁文江編，《梁任公年譜長編》上冊，頁159-160。
〔註175〕丁文江編，《梁任公年譜長編》上冊，頁539。
〔註176〕《西方及列強認識》第三輯，第二分冊，頁535。

者，有行賄以買人心者，甚有懸擬其黨人之後禍，抉發其黨人之
隱惡，以激人心者，此黨如是彼黨亦如是。一黨獲勝，則鳴鼓聲
礮，以示得意。黨首一爲統領，一爲國相，悉舉舊黨之官吏廢而
易置之，僚屬爲之一空，舉舊之政體改而更張之，政令爲之一變。
譬如漢唐宋明之黨禍，不啻十百千倍，斯亦流弊之不可不知者也。
〔註177〕

黃氏對於美國政治制度之認識，主要即源自其在美三年多的觀察，1890 年，
黃遵憲被任命爲駐英參贊，隨薛福成出使英國。黃氏到英國以後，細心觀察
英國的社會政治，嘆服英人的議會成就，從此以後他遵循「守漸進主義，以
立憲爲歸宿」。倡導我國應效法英國的君主立憲政體，認爲君民共主爲盡善盡
美之制，至死未改。〔註178〕

　　上述黃氏之政治主張，由於對美式共和政體之欽羨，至目睹美國政體之
弊，遊英後乃轉而走向君主立憲政體的擁護者，其轉變與梁啓超略爲相同。
黃氏於戊戌年後六、七年內，和梁啓超有十萬言以上的書信往來，彼此之政
治主張，應互受影響。〔註179〕

　　唐才常（1867-1900）是 1890 年代湖南爲維新份子中極重要的一位。〔註180〕
唐氏在 1897 年至 1898 年間撰寫的〈各國政教公理總論〉中對歐美各國之君主、
君民共主、民主、國會、議院等演化歷史，及其性質、組織、功能等闡述極詳，
〔註181〕唐氏對於美國共和政體極爲稱羨，甚至主張以美國的民主議會政治爲典
範，此點主張有異於前此變法家多數以君主立憲政體爲典範。他說：

　　若夫軌唐虞之盛心，綿仁學之公理者，其華盛頓、林肯之爲君乎！
　　旅天位、宅民權、屛功利、弢兵禍、廓然！夷然！是謂大公。〔註182〕

〔註177〕《西方及列強認識》第三輯，第二分冊，頁 539。
〔註178〕見孫會文，〈晚清後期變法論者對西方議會政治的認識與態度〉（台灣大學歷
　　　　史學報，第三期），頁 242。
〔註179〕《梁任公年譜長編》上冊，頁 159；關於黃遵憲對梁啓超的影響，可參考張
　　　　朋園，〈黃遵憲的政治思想及其對梁啓超的影響〉，《中央研究院近代史研究所
　　　　集刊》第一期。
〔註180〕《新大陸遊記節錄》，頁 231。
〔註181〕此文原名〈各國變通政教之有無〉，自湘學報第五期連載，後輯入《覺顚冥齋
　　　　內言》卷 1，改題爲〈各國政教公理總論〉。《覺顚冥齋內言》於戊戌（1898
　　　　年）刊於長沙。
〔註182〕〈各國政教公理總論〉，收入《覺顚冥齋內言》，頁 2。

又說：

> 華盛頓者，英之流民，首刱民主聯邦治體，巍巍乎！有天下而不與，故其國養兵不緐，而學校如林，終其身號稱富，後世仰食其福，此民主之裨於治也。〔註 183〕

談到歐美的議院制度，他對薛福成所言「美國民權太重」，〔註 184〕大不以爲然。他說：

> 然余徵之各國議院之實不盡如所言何者？美俗近純不後於英法，民雖悍，不悍於路易十四拿破崙專制之時無已。請言美制美議事院與元老紳董兩院並重，凡國邦郡邑，諸政皆主於民，邑皆有會議所，公選會長主議，擇能書一人以書所議之事，然後公舉選士三四人以董邑政，此意最近古鄉老法。〔註 185〕

他的結論是「西國治化惟美爲純」。〔註 186〕

> 又稱美國國會「尤犂然於當於人心」。〔註 187〕
>
> 其制國會爲元老紳董兩院、元老用年三十以上，住本土經九年者，紳董用年二十五以上，住本土經七年者，俱由各邦會邦民公舉，凡稅租出納官員薪俸、正副總統進退、審判司員、以及各政善否，均由國會詳議施行，乃華盛頓手定太平之業至今。〔註 188〕

對於美國各社會團體及社會慈善事業，其稱「西國諸會大抵相同，而美尤爲詳備，尤得公理」。〔註 189〕

就唐氏之政治主張而言，他在 1898 年以前，雖然並沒有提倡推翻君主專制政體，但他提倡民權，並以美國議會政治爲師法對象。此種議論在晚清變法家當中，是較爲特出的一位。

本節並無一一舉例晚清各變法家對美國政治教化之認識。如譚嗣同的著作中並無提出對美國的看法。〔註 190〕再者如嚴復，雖爲晚清最爲通曉西洋思想的改革變法家，然而除了其譯述之外，他於清季的撰述，有關時論者並無

〔註 183〕〈各國政教公理總論〉，收入《覺顛冥齋內言》，頁 24。
〔註 184〕《西方及列強認識》第三輯，第二分冊，頁 513。
〔註 185〕〈各國政教公理總論〉，頁 19。
〔註 186〕〈各國政教公理總論〉，頁 19。
〔註 187〕〈各國政教公理總論〉，頁 11。
〔註 188〕〈各國政教公理總論〉，頁 19。
〔註 189〕〈各國政教公理總論〉，頁 19。
〔註 190〕見《譚瀏陽全集》（台北：文海出版社）。

專門涉及對美國的看法，〔註191〕即如其個人於 1905 年所撰《政治學講義》，
洋洋五萬餘言中，未嘗一語道及美國之總統制、議會政治，〔註192〕惟就其譯
述看來，其對美國歷史與文化應已有相當程度的瞭解。〔註193〕

〔註191〕嚴氏畢生精力，集中在翻譯西書上，有關時務的著作並不多見。其在清季者，
　　　　不過〈論世亟之變〉、〈救亡論〉、〈闢韓〉、〈原強〉，此四篇文章，見《戊戌變
　　　　法文獻彙編》，第三冊。
〔註192〕蕭公權，《中國政治思想史》，下冊，（台北：聯經出版公司，1982），頁 879。
〔註193〕嚴復之譯著有赫胥黎（Thomas Henry Huxley）之《天演論》(Evolution and
　　　　Ethics)、亞當斯密（Adam Smith）之《原富》(An Inquiry into the Nature of Causes
　　　　of the Weath of Nations)、斯賓塞斯（Herbert Spencer）之《羣學肄言》(Study
　　　　of Sociology)、約翰穆勒（John Stuart Mill）之《羣己權界論》(On Liberty)、
　　　　《名學》(System of Logic)、甄克斯（Edward Jenks）之《社會通詮》(A History
　　　　of Politics)、孟德斯鳩之《法意》(Sipirit of Law) 及耶芳斯（William Stanley
　　　　Jevons）所著之《名學淺說》(Primer of Logic)。可參見張玉法，《清季的立
　　　　憲團體》（中央研究院近代史研究所專刊），頁 57-60。

第六章　結　論

　　自從 1784 年美船「中國女皇號」抵達廣州，爲中美關係的肇端，國人乍見美國人，由於語言上的隔閡，對其外貌產生多種的聯想與誤解，再者天朝世界觀的自我封閉，凡屬夷人不過犬羊之性，毋須加以辨別或認識。在廣州因對外貿易，與西人交往頻繁，尚勉能對各國加以區別，由於美船懸掛旗幟之形色，故稱之爲「花旗」，與其他各國相較之人，美國人則較爲恭順。關於美國的地理位置、國土面積、氣候、物產的認知，則極爲淺薄。國人認識美國的最初知識淵源，得自於早期傳教士的著述居多，例如傳教士馬禮遜所寫的《外國史略》、郭實獵牧師所辦的《東西洋考每月統記傳》等等，而影響力最大的則屬美國傳教士高理文所寫的《美理哥合省國志略》。關於國人對美國史地的著述，從 1820 年謝清高的《海錄》刊行開始，到鴉片戰爭前後才有比較完整的認識，例如梁廷枏的《合省國說》、林則徐的《四洲志》、魏源的《海國圖志》、以及徐繼畬的《瀛寰志略》。這些人對美國的民主政治也開始有了初步的認識。

　　1842 年，因鴉片戰爭的爆發，簽訂南京條約使中國進入「條約體系」時期，中美之間亦由於望廈條約之簽訂，使得原本純粹的商務往來，進入兩國政府外交上的接觸。美國人雖亦販賣鴉片，但在中英爲鴉片對峙期間，美國人不但沒有因不能販煙而血本大虧；相反地由於與中國政府合作，遵守具結，而取代英國在廣州之商業地位而獲得暴利，並且也贏得清廷的好感。接著美國政府在望廈條約中亦取得最惠國待遇等實質利益。在太平天國動亂時期，美國政府亦曾數度與太平軍的將領接觸，由於太平軍的傲慢拒外態度，使得美國政府與之交往的意向完全挫喪，轉而與清廷協商修約之事，即承認清廷

的統治權。在天津條約、北京換約之交涉，可看出清廷於虎視耽耽的列強中，認爲美國人較爲恭順和平，朝臣中亦有人以爲美國實有效順之忱，頗思「以美制英」，美國在英法聯軍以武力對付中國之際，出面調停，雖不成功，但卻贏得朝廷之好感。中美官方在數次條約交涉中，儘管有局部之糾紛，然多爲朝臣對美國的友好印象所淡化。就朝廷對美國的認識層面而言，在望廈條約交涉中的奏摺，朝臣率皆須對美國立國情勢、地理位置和國力物產作一介紹；而在天津、北京條約交涉中，此種介紹幾乎不再出現，代之以列強對華態度的分析，可見清廷中樞幾經條約交涉後，對美國已有基本的認識，因而相關秦摺不必再贅言介紹美國歷史與地理。

1860 年代洋務運動展開後，中美關係在此一時期亦有突破性的進展，由於推動洋務之官僚對美國深具好感，及美使蒲安臣在華推行合作政策的成功，使得中美友誼日愈親善；外交上的進展，亦促使中美文教交流蒸蒸日上，國人對美國的認識層面也因而更爲寬廣。如留學生之派遣、蒲安臣使團訪美，美國教會在中國之事業，凡此皆有助於中國人對美國的觀感及認識。此一時期無論洋務官僚或早期維新份子，關於美國的言論，多集中於器物機械層面，在自強實業新政上，許多人援引美國和中國作比較，認爲美國和中國都屬於國土面積廣大，而美國立國僅百年，能成爲強國，值得中國效法。

自 1870 年代以後，美國對華外交有日益疏遠的傾向，而國人對美國人的觀感，亦因美國本土之排華運動而有極大的轉變。清廷將留美學生遣送歸國與美國之排華，不無關連，再加上中美教案的發生，凡此皆使中國素來對美國之好感產生變化。即使在甲午戰後，美國於 1899 年、1900 年兩次提出門戶開放政策，亦未能贏得中國朝野的好評。此一時期由於變法論的興起，變法論者不僅注意西方的船堅砲利，更要學習西方的政法制度，基本上他們多主張英式君主立憲政體，對於美式的共和政體，則貶多於褒或規避不談。由於變法論者對美式共和政體的褒貶，可看出其認識多集中於民權及總統制的討論，對於美國政黨政治的論述則極爲罕見。就政治改革而言，美式民主共和政體必先推翻君主政體，而英式君主立憲政體尙可在君主制度下別開議院。此乃所以 1900 年以後立憲派與革命派對峙時期，革命派多標舉華盛頓革命，仿效美國之制行共和政體，〔註1〕對於美國共和政體的討論，此後愈

〔註1〕 1900 年孫中山致港督書，是以美國的制度爲藍圖；1903 年孫在檀香山演說，亦明白宣佈效法美國實行共和。見張玉法，《民初的政黨》，頁 142-143；另可

為蓬勃。而清末之立憲派、革命派在民初政局中極重要之政治人物,其對美國政治制度之理念,又如何影響民初之立法建置,當可另闢專文討論。

參考朱浤源,《同盟會的革命理論》(台北:中央研究院近代史研究所,1975年6月),頁103-133。

參考書目

壹、中文部分

一、史料與專書

1. 丁文江，《梁任公先生年譜長編初稿》，台北：世界書局，1962 年。

2. 小野川秀美著，林明德，黃福慶譯，《晚清政治思想研究》，台北：時報出版公司，1982 年。

3. 王爾敏，《上海格致書院志略》，香港：香港中文大學，1980 年。

4. 王爾敏，《晚清政治思想史論》，台北：華世出版社，1969 年。

5. 王爾敏，《中國近代思想史論》，台北：華世出版社，1977 年。

6. 王韜，《弢園文錄外編》，上海，光緒 23 年。

7. 王樹槐，《外人與戊戌變法》，台北：中央研究院近代史研究所，1965 年。

8. 王彥威等輯，《清季外交史料》。

9. 戈公振，《中國報學史》，台北：學生書局，1963 年。

10. 朱士嘉輯，《美國迫害華工史料》，北京：中華書局，1958 年。

11. 朱士嘉輯，《十九世紀美帝侵華檔案史料選輯》，北京：中華書局，1959 年版。

12. 牟安世，《鴉片戰爭》，上海：上海人民出版社，1982 年

13. 宋育仁，《泰西各國采風錄》，在《小方壺齋輿地叢鈔》第十一帙。

14. 呂實強，《中國官紳反教的原因》，台北：中央研究院近代史研究所，1982。

15. 何啓、胡禮垣合著，《新政眞詮》，格致新報館，光緒 27 年。

16. 汪榮祖，《晚清變法思想論叢》，台北：聯經出版社，1983 年。

17. 李鴻章，《李文忠公全集》，台北：文海出版社影印本，1962 年。

18. 李圭,《東行日記》,《小方壺齋輿地叢鈔》第十一帙。

19. 李定一,《中美早期外交史》,台北:傳記文學出版社,1978年。

20. 李抱宏,《中美外交關係》,台北:商務印書館,1972年。

21. 李志剛,《容閎與近代中國》,台北:正中書局,1981年。

22. 林崇墉,《林則徐傳》,台北:商務印書館,1976年。

23. 林樂知編,《萬國公報》,台北:華文書局影印版,1968年。

24. 茅家琦,《太平天國對外關係史》,上海:上海人民出版社,1984年。

25. 海恩波,《傳教偉人馬禮遜》,基督教輔僑出版社,香港:1960年。

26. 容閎,《西學東漸記》,上海商務印書館,1934年。

27. 徐繼畬,《瀛寰志略》,道光28年刊本。

28. 唐才常,《覺顛冥齋內言》,光緒24年長沙刊本,台北:成文出版社影印本。

29. 高理文(美),《美理哥合省國志略》,台北:中央研究院傅斯年圖書館古籍線裝書。

30. 梁啟超,《新大陸遊記節錄》,台北:中華書局,1975年版。

31. 梁啟超,《西學書目表》,上海實務報館,光緒23年。

32. 梁元生,《林樂知在華事業與萬國公報》,香港:香港中文大學,1978年。

33. 張玉法,《清季的立憲團體》,台北:中央研究院近代史研究所,1971年。

34. 張玉法,《民國初年的政黨》,台北:中央研究院近代史研究所,1985年。

35. 張存武,《中美工約風潮》,台北:中央研究院近代史研究所,1982年。

36. 蔣貴麟編,《康南海遺著彙編》,台北:宏業書局。

37. 舒新城,《近代中國留學史》,上海:中華書局,1933年。

38. 馮桂芬,《校邠廬抗議》,光緒23年聚豐坊刻本。

39. 崔國因,《出使美日秘國日記》,近代中國史料叢刊第二十八輯,台北:文海書局。

40. 湯志鈞,《戊戌變法人物傳稿》,北京:中華書局,1961年。

41. 楊家駱主編,《戊戌變法文獻彙編》,台北:鼎文書局,1973年。

42. 楊家駱主編,《洋務運動文獻彙編》,台北:鼎文書局,1973年。

43. 蔡爾康輯,《李傅相歷聘歐美記》,近代中國史料叢刊,808,台北:文海書局。

44. 劉伯驥,《美國華僑史》,台北:黎明文化事業公司,1982年。

45. 鄧元忠,《美國人與太平天國》,台北:華欣文化事業中心,1983年。

46. 鄭觀應,《盛世危言》,台北:學生書局影印版,1968年。

47. 薛福成,《庸盦文編》,台北:文海出版社,1973 年。

48. 魏源,《增廣海國圖誌》,台北:珪庭出版社,1978 年。

49. 蕭公權,《中國政治思想史》,台北:聯經出版公司,1982 年。

50. 顧維鈞,《外人在華的地位》,(本書不載出版項),1935 年。

51. 顧長聲,《傳教士與近代中國》,上海:上海人民出版社,1983 年版。

52. 《不忍雜誌》,民國 2 年,上海。

53. 中央研究院近代史研究所編,《美國檔》(1850-1863 年)。

54. 中央研究院近代史研究所編,《中美關係史料》(1805-1874)。

55. 中央研究院近代史研究所編,《近代中國對西方及列強認識資料彙編》
(1821-1893 年),第 1、2、3 輯,台北:中央研究院近代史研究所,1972,
1984,1986。

56. 故宮博物院編,《籌辦夷務始末》(咸豐朝、同治朝)。台北:國風出版社。

57. 故宮博物院編,《清代外交史料》(道光朝、嘉慶朝)。台北:成文出版社。

58. 故宮博物院編,《清代外交史料》(光緒朝)。台北:文海出版社。

59. 《時務報》,光緒 22 年 7 月至 24 年 2 月,上海。

60. 《新民叢報》,台北藝文印書館影印。

61. 《清議報》,光緒 24 年 10 月至 27 年 11 月,橫濱。

二、期刊、論文

1. 呂實強,〈甲午戰前西方民主政制的傳入與國人的反應〉,台北:中央研究
院,《國際漢學會議論文集》,1981。

2. 冼玉清,〈梁廷枏著述錄要〉,《嶺南學報》四卷一期。

3. 胡國台,〈早期美國教會在華教育事業之建立〉,國立政治大學歷史研究所
碩士論文,1979 年。

4. 沈懷玉,〈清末地方自治思想的傳入〉,《中央研究院近代史研究所集刊》,
第八期。

5. 唐遠華,〈基督教教會及其傳教方法在近代中國本土化之發展〉,國立師範
大學歷史研究所碩士論文,1981 年。

6. 孫會文,〈晚清前期『變法』論者對西方議會制度的態度和『君主立憲』
主張的形成〉,《國立編譯館館刊》,三卷二期,1974 年 12 月。

7. 孫會文,〈晚清前期變法論者對西方議會政治的認識與態度〉,《國立台灣
大學歷史學系學報》,第三期。

8. 孫會文,〈康有爲對西方議會制度的態度〉,《中國歷史學會史學集刊》,第
七期,1975 年 5 月。

9. 陳國棟,〈清代前期的粵海關〉,國立台灣大學歷史研究所碩士論文,1979

年。

10. 陳旭麓，〈關於『校邠廬抗議』一書——兼論馮桂芬的思想〉，《新建設總》
    一八二期，1964 年。

11. 張忠棟，〈門戶開放政策在中國的反應〉，《美國研究》，三卷三、四期，1973
    年 12 月。

12. 張忠棟，〈庚子拳變時期中國對美國的看法〉，《國立台灣大學歷史學系學
    報》，第一期，1974 年 5 月。

13. 張朋園，〈黃遵憲的政治思想及其對梁啓超的影響〉，《中央研究院近代史
    研究所集刊》，第一期。

14. 張陰桓，〈明清之際西學輸入中國考略〉，收入包遵彭等編《中國近代史叢
    論——中西文化交流》，台北：正中書局，第一輯，第二冊。

15. 蔡武，〈談談『東西洋考每月統記傳』——中國境內第一種現代中文期刊〉，
    《國立中央圖書館館刊》，新二卷，第四期。

16. 蔡石山，〈華工與中美外交〉，《美國研究》第三期，1971 年 9 月。

17. 顏惠蘭，〈清末留美幼童之研究〉，私立中國文化大學中美關係研究所碩士
    論文，1984 年。

18. 鄭鶴聲，〈八十年來官辦編譯事業之檢討〉，《中國近代史論叢》第一輯，
    第七冊，1956 年。

貳、西文部分

1. Coolidge , Mary R. , *Chinese Immigration.* New York , 1909

2. Dannett , Tyler , *Americans in Eastern Asia , A Critical Study of the Policy of the United States with Reference to China , Japan and Korea in 19th Century.* New York ,1941

3. David, Jules, *American Diplomatic and Public Papers: The United States and China.* Wilmington, Scholarly Resources Inc. , 1973.

4. Etzold, Thomas H., *Aspects of Sino-American Relations.* New York & London,1978.

5. Forsythe, Sidney A. ,*An American Missionary Community in China,1895-1905.* Cambridge,Mass: Harvard University Press, 1971.

6. Fairbank, J. K., *Trade and Diplomacy on China Coast.* Cambridge,Mass: Harvard University Press ,1969.

7. Fairbank, J. K. Jr., *Christianity in China: Early Protestant Missionary Writing.* Cambridge,Mass: Harvard University Press , 1974.

8. Fairbank, J. K. ed., *The Missionary Enterprise in China and America.* Cambridge, Mass: Harvard University Press, 1974.

9. Iriya ,Akira, *Across the Pacific: An Inner History of American-East Asian Relations.* New York: Atheneum, 1967.

10. Kwang Ching, Liu , *American Missionary in China,* Papers from Harvard Seminars. Cambridge, Mass. Harvard University Press,1970.

11. Morse, H. B. *The International Relations of the Chinese Empire*, 3 vols. Shanghai,1918, Reprinted in Taiwan, 1971.

12. *Papers Relating to the Foreign Relations of the United States,* 1861-1900.

13. Teng, S. Y. *The Taiping Rebellion and the Western Powers, A Comprehensive Survey.* Oxford University Press,1971

14. Williams, Frederick Wells, *Anson Burlingame and the First Chinese Mission to Foreign Powers.* New York, 1912.

15. Williams, F. W., *The Life and Letters of Samuel Wells Williams.* New York, 1889.

16. Wright, Mary C., *The T'ung-Chih Restoration ,1862-1874.* Stanford University Press,1957.

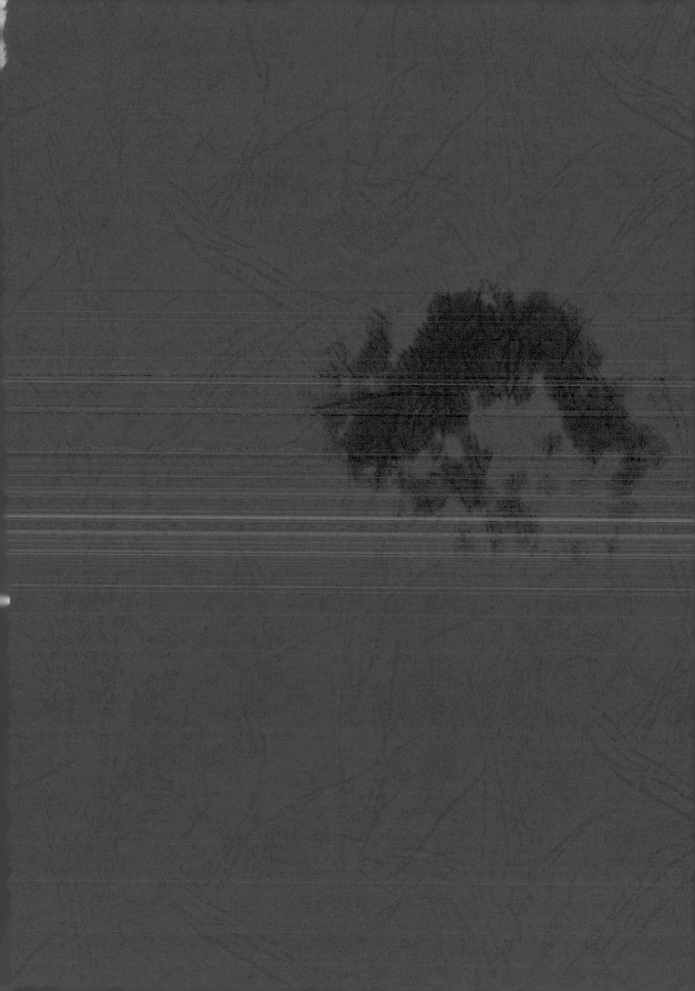